提高团队承受力的49条职业法则

刘恒志　马　杰◎编著

北京工业大学出版社

图书在版编目（CIP）数据

提高团队承受力的49条职业法则 / 刘恒志，马杰编著.
—北京：北京工业大学出版社，2014.8
ISBN 978-7-5639-4001-1

Ⅰ.①提… Ⅱ.①刘… ②马… Ⅲ.①企业管理—组织管理学—通俗读物 Ⅳ.①F272.9

中国版本图书馆CIP数据核字（2014）第156342号

提高团队承受力的49条职业法则

编　　著：刘恒志　马　杰
责任编辑：王　喆
封面设计：翼之扬设计
出版发行：北京工业大学出版社
（北京市朝阳区平乐园100号　邮编：100124）
010-67391722（传真）　bgdcbs@sina.com
出 版 人：郝　勇
经销单位：全国各地新华书店
承印单位：九洲财鑫印刷有限公司
开　　本：787毫米×1092毫米　1/16
印　　张：17
字　　数：294千字
版　　次：2014年8月第1版
印　　次：2014年8月第1次印刷
标准书号：ISBN 978-7-5639-4001-1
定　　价：30.00元

前　言

在风云诡谲的现代社会，市场竞争中充满荆棘和坎坷，团队想要在竞争中生存，就需要有承受力，如此才能在市场竞争中找到属于团队的价值和意义。

那么，什么是承受力？

承受力是一种能力，它有其自身的特性，无法急功近利地求取，只能靠不紧不慢的修身养性。它是身体力量与健康度的承受力，是精神的承受力，是压力的承受力，是情感的承受力。承受力的形成离不开理性的思索和现实的丰富经历。它不是与生俱来的，而是后天养成的。

团队在竞争中取胜的条件有很多，其中一个关键就是承受力。承受力强，团队成功的可能性就大，相反，承受力弱，被淘汰的概率也就大。因此，团队如果想要在激烈的市场竞争中占有一席之地，想要在迷雾中冲出重围领取桂冠，就要不断提高团队的承受力。

那么，在现实工作中该怎样提高团队的承受力呢？

要知道，承受是一种体验，承受是一种积累，承受是成熟的必经之路。承受力除了输出与恢复之间的平衡，还有就是偶尔超越承受力界限进行的“拉伸”。这个“拉伸”是对精神的“拉伸”，是对心理承受力的“拉伸”。简单地讲，就是当面对工作时，从简单到复杂，循序渐进地、一点一点地挑战自己的极限。如此，承受力就会得到较大幅度的提高。

团队工作，充满各种各样的挫折和磨难，有些团队成员不懂得承受，或者承受能力差，以至于自暴自弃。这样的团队成员是不适合在团队生存的，更会影响整个团队承受力的提高。最后的结局只能是被淘汰，想要不被淘汰，唯有修炼自己的承受能力，除此之外，没有捷径可走。

本书共分为七章，主要围绕修炼自己的内心、做好自我调节、改变思维方式等实际问题展开讨论和阐述。其最终的目的只有一个，那就是告诉所有的团队成员，身在团队之中，压力、挫折、困境都是不可避免的，它们无处不在，想要逃避不可能，最好的办法就是提高自身的抗压能力、抗挫折能力，从而提高整个团队的承受力。唯有如此，才能守住自己、守住团队。

目　　录

第一章　修炼自己的内心

职业法则 1：不论何时都不要自己吓唬自己 / 003
职业法则 2：有磨炼才会有进步 / 013
职业法则 3：培养良好的心理素质 / 017
职业法则 4：树立正确的工作态度 / 025
职业法则 5：工作之余学会宣泄 / 029
职业法则 6：克服焦虑，释放内心的紧张 / 033
职业法则 7：丰富自身的内心世界 / 038
职业法则 8：学会善待逆境中的自己 / 041
职业法则 9：切勿成为心理上的奴隶 / 046

第二章　不想被淘汰，就要学会适应

职业法则 10：与其让环境适应你，不如你来适应环境 / 055
职业法则 11：巧妙应对工作变动 / 060
职业法则 12：提高工作适应力 / 064

职业法则 13：接受无法改变的事实 / 071
职业法则 14：融入环境，左右逢源 / 074
职业法则 15：工作有压力是很正常的 / 079
职业法则 16：信任是个好方法 / 082
职业法则 17：遵守团队的“潜规则” / 088

第三章 做好自我调节

职业法则 18：增强身体素质，提高承受能力 / 095
职业法则 19：控制压力，培养健康平衡的心理 / 099
职业法则 20：激发潜能，提高承受能力 / 106
职业法则 21：学会自我放松 / 111
职业法则 22：改变不良工作习惯,合理安排工作时间 / 117
职业法则 23：以良好的心态适应和接纳不公平 / 122
职业法则 24：不要为别人的批评而烦恼 / 125
职业法则 25：管好自己的嘴 / 130

第四章 工作中没有不可承受之重

职业法则 26：与其抱怨，不如反求诸己 / 139
职业法则 27：唯有携手，才能共进 / 144
职业法则 28：要有面对困境的勇气 / 149
职业法则 29：在工作中提升自我 / 154
职业法则 30：不要怕错、怕失败 / 158
职业法则 31：别让想象的困难吓倒 / 162
职业法则 32：适当拉近与管理者的距离 / 167

第五章　改变思维方式，灵活应变

职业法则 33：工作要学会变通 / 175
职业法则 34：别让经验蒙蔽了双眼 / 184
职业法则 35：改变团队成员的思维方式 / 186
职业法则 36：培养和激发思维能力 / 189
职业法则 37：敢于冒险，打破常规 / 196

第六章　信念是承受力的精神支柱

职业法则 38：认识信念 / 203
职业法则 39：运用信念的力量 / 206
职业法则 40：做一个有信念的人 / 211
职业法则 41：坚定信念，迎接所有挑战 / 218
职业法则 42：信念是执着的过程 / 222
职业法则 43：精神是团队的动力 / 226

第七章　做好承受一切的准备

职业法则 44：创造一个良好的心境 / 233
职业法则 45：培养积极乐观的心态 / 237
职业法则 46：提高抗挫折能力 / 242
职业法则 47：学会给自己减压 / 247
职业法则 48：建立和谐的人际关系 / 251
职业法则 49：培养解决问题的能力 / 257

第一章　修炼自己的内心

在越来越复杂的社会中，每天每个人都在面临何去何从的选择。在团队中，这种现象同样存在。原因很多，内心没有承受力就是其中一个最明显的原因。因此，我们要修炼自己的内心，激发自身潜能，能够灵活掌控自身，让内心更有承受力。如此，不管境遇如何变幻，都能够做到充满力量地去迎接每一个挑战。

职业法则 1：不论何时都不要自己吓唬自己

不论何时都不要自己吓唬自己，在工作中，要找到自己的快乐方式。快乐可以让你减轻压力，可以让你轻松地、积极地面对工作，迎接每一个挑战。

团队工作中，经常会发现有的团队成员会自己吓唬自己，认为工作有多么辛苦，多么困难。事实是这样吗？其实并不是想象中的那样，很多时候都是在自己吓唬自己。只要我们静下心来理清思路一步一步付诸行动，就会发现其实也不难，只要行动了就有收获。不要将时间浪费在缥缈的空想中。

“如果你能跟得上时间的步伐，你就不会默默无闻”，这句刻在钟表王国瑞士的一些古钟上的话充满哲理。工作确实是具备挑战性和不确定性的，但是不论何时我们都不要自己吓唬自己，首先应该做的就是摆正心态，这样才能快乐工作；其次是不能逃避压力，但是也不要放大压力；最后一定要正确地认识自己所处的环境，准确地找到自己的定位。唯有如此，才能快速地厘清自己的思绪，以更完满的态度去工作，这样做起事情来也会达到事半功倍的效果。具体方法如下。

1. 摆正心态，快乐工作

工作的成败，其根本取决于心态。只有摆正心态，快乐工作，才不会在工作中自己吓唬自己。那么，在工作中如何摆正心态呢？

有一个古老的故事：

在一位农夫的果园里，紫红色的葡萄挂满了枝头，令人垂涎欲滴，当然，这种美味也逃不过在附近安营扎寨的狐狸们，它们早就想享受一下了。

第一只狐狸来到了葡萄架下，它发现葡萄架要远远高出它的身高。它站在下面想了想，不愿就此放弃，机会难得啊！想了一会儿，它发现了葡萄架旁边的梯子，回想到农夫曾经用过它。因此，它也学着农夫的样子爬上去，顺利地摘到了葡萄。

这只狐狸采用的就是问题解决方式，它直接面对问题，没有逃避，最后解决了问题。

第二只狐狸来到了葡萄架下，它也发现以它的个头，这一辈子是无法吃到葡萄了。因此，它心里想，这个葡萄肯定是酸的，吃到了也很难受，还不如不吃。于是，它心情愉快地离开了。

这只狐狸运用的是心理学当中经常提到的“酸葡萄效应”，也可以称为文饰作用或合理化解释，即以能够满足个人需要的理由来解释不能实现自我目标的现象。

第三只狐狸来到了葡萄架下，它刚刚读过《钢铁是怎样炼成的》一书，深深地被主人公的精神打动。它看到高高的葡萄架并没有气馁，它想：我可以向上跳，只要我努力，我就一定能够得到。“有志者事竟成”的信念支撑着它，可是事与愿违，它跳得越来越低，最后累死在了葡萄架下，献身做了肥料。

这只狐狸的行为，在心理学上我们称为“固执”，即反复重复某种无效的行为，有时我们也称它为强迫症。它说明，不是某一事情的最佳解决方案都能解决其他所有问题，要看自己的能力、当时的环境等多种因素。

第四只狐狸来到了葡萄架下，一看到葡萄架比自己高，愿望落空了，便破口大骂，撕咬自己能够接触得到的葡萄藤，正巧被农夫发现，一铁锹把它拍死了。

这只狐狸的行为我们称它为“攻击”，这是一种不可取的应对方式，于人于己都是有害无利的。

第五只狐狸来到了葡萄架下，它一看自己在葡萄架下显得如此的渺小，便伤心地哭起来了。它伤心为什么自己如此矮小，如果像大象那样，不是想吃什么就吃什么吗？它伤心为什么葡萄架如此高，自己辛辛苦苦等了一年，本以为能吃到，没想到是这种结果。

这只狐狸的表现我们在心理学上称之为“倒退”，即个体在遇到挫折时，从人格发展的较高阶段退到人格发展的较低阶段。

第六只狐狸来到了葡萄架下，它仰望着葡萄架，心想，既然我吃不到葡萄，别的狐狸肯定也吃不到，如果这样的话，我也没什么好遗憾的了，反正大家都一样。

这只狐狸的行为在心理学中称之为“投射”，即把自己的愿望与动机归于他人，断言他人有此动机和愿望，这些东西往往都是超越自己能力范围的。

第七只狐狸来到了葡萄架下，它站在高高的葡萄架下，心情非常不好，它在想为什么我吃不到呢，我的命运怎么这么悲惨啊，想吃个葡萄的愿望都满足不了，我的运气怎么这么差啊？越想它越郁闷，最后郁郁而终。

这只狐狸的情况是“抑郁症”的表现，即以持久的心境低落状态为特征的神经性障碍。

第八只狐狸来到了葡萄架下，它尝试着跳起来去够葡萄，但没有成功，它试图让自己不再去想葡萄，可是它抵抗不了，它还试了一些其他的办法也没有见效。它听说有别的狐狸吃到了葡萄，心情更加不好，最后它一头撞死在葡萄架下。

这只狐狸的下场是由于它心理不平衡造成的，在现实生活中我们经常会遇到类似的“不患无，患不均”的现象。很多人在与别人比较的时候，因为心理不平衡选择了不适当的应对方式。

第九只狐狸来到了葡萄架下，同样是够不到葡萄。它心想，听别的狐狸说，柠檬的味道似乎和葡萄差不多，既然我吃不到葡萄，何不尝一尝柠檬呢，总不能在一棵树上吊死吧！因此，它心满意足地离开去寻找柠檬了。

这只狐狸的行为在心理学上我们称之为“替代”，即以一种自己可以达到的方式来代替自己不能满足的愿望。

第十只狐狸来到了葡萄架下，它看到自己与高高的葡萄架之间的差距，认识到以现在的水平和能力想吃到葡萄是不可能的了，因此它决定利用时间给自己充下电，报了一个研究生课程进修班，学习采摘葡萄的技术，最后当然是如愿以偿了。

这只狐狸采用的是问题指向应对策略，它能够正确分析自己和问题的关系及性质，找到最佳的解决方案，是一种比较好的应对方式。

第十一只狐狸来到了葡萄架下，它同样也面临着相同的问题。它转了一下眼睛，把几个同伴骗了来，然后趁它们不注意，用铁锹将它们拍昏，将同伴摞起来，踩着同伴的身体，如愿以偿地吃到了葡萄。

这只狐狸虽然最后也解决了问题，但它是在损害他人利益的基础上来解决的，这种应对方式不可取。

第十二只狐狸来到了葡萄架下，这是一只漂亮的狐狸小姐。

它想我一个弱女子无论如何也够不到葡萄了，我何不利用别人的力量呢？因此，它找了一个身材高大的男朋友，然后爬在它的肩膀上摘到了葡萄。

这在心理学上称为“补偿原则”，即利用自己另一方面的优势或是别人的优势来弥补自己的不足，这种方式在一些情境下也不失为一种好方法。

第十三只狐狸来到了葡萄架下，它对葡萄架的高度非常不满，这个高度导致了它不能尝到甜美的葡萄，于是它就怪罪起葡萄藤来。说因为葡萄藤太好高骛远，爬那么高，说完后，它平静地离开了。

这只狐狸的行为在心理学上我们可以称之为“抵消作用”，即以从事某种象征性的活动来抵消、抵制自己的真实感情。

第十四只狐狸来到了葡萄架下，发现自己无法吃到向往已久的葡萄，看到地上落下来已经腐烂的葡萄和其他狐狸吃剩下的葡萄皮，它轻蔑地做出呕吐状，嘴上说：“真让人恶心，谁能吃这些东西啊！”

这只狐狸的行为在心理学上我们称之为“反向作用”，即行为与动机完全相反的一种心理防御机制。

第十五只狐狸来到了葡萄架下，它既没有破口大骂，也没有坚持不懈地往上跳，而是发出了感叹：美好的事物有时候总是离我们那么远，这样有一段距离，让自己留有一点幻想又有什么不好的呢？于是它诗性大发，一本诗集从此诞生了。

这只狐狸的行为在心理学上我们称之为“置换作用”，即用一种精神宣泄去代替另一种精神宣泄。

第十六只狐狸来到了葡萄架下，它发现想吃葡萄的愿望不能实现后，不久便产生了胃痛、消化不良的情况。这只狐狸一直不明白一向很注意饮食的它，怎么会在消化系统方面出现问题。

这只狐狸发生的情况在心理学中我们可以称之为“转化”，即个体将心理上的痛苦转换成躯体上的疾病。

第十七只狐狸来到了葡萄架下，它发现了同样的问题。它嘴一撇，说：“这有什么了不起的，我们狐狸中已经有人吃过了，谁说只有猴子攀爬这样的高度才能吃到果子，狐狸也一样行！”

这只狐狸所表现的言行是一种情绪取向的应对方式，在心理学中我们可以称之为“傍同作用”，即当自我价值低于他人价值时，寻找与自己有关系的人来实现自我价值。

第十八只狐狸来到了葡萄架下，它心想，我自己吃不到葡萄，别的狐狸来了也吃不到葡萄，为什么我们不学习猴子捞月的合作精神呢？前有猴子捞月，现有狐狸摘葡萄，说不定也会传为千古佳话呢！于是它动员所有想吃葡萄的狐狸合作，搭成狐狸梯，这样大家都吃到了甜甜的葡萄。

这只狐狸采取的是问题取向的应对方式，它懂得合作的道理，最终的结果是既利于自己，又利于大家。

通过上面的寓言我们可以得到一个道理：心态的摆正关键就看自己怎么去做。遇到问题，首先应该想的不是其困难、压力，而是如何应对。同时，要学会与他人合作，尤其是作为团队成员，这点尤为重要。这样的结果，才能够既利己又利他。

2. 不逃避压力，也不放大压力

在经济高速发展的现代社会，团队面临竞争，团队中的每位成员也都面临着“适者生存”的残酷竞争。这就需要每位团队成员主动提高自己，完善自己，奋力拼搏。不要想着逃避压力，因为那不是解决问题的根本途径，我们要做的只有一点，便是不断上进。同时，我们也不要放大压力，这会让你觉得更不幸，导致自己的压力更大。

随着社会的加速发展和竞争的日趋加剧，个人的压力承受状况与温水煮青蛙的现象越发相似。团队成员总是能够感觉到莫名的压力，这让人情绪不稳定。

面对各种各样的心理压力，团队要认真对待，不要逃避，及时采取自我调节措施。具体措施如下。

（1）学会自我调试，及时放松自己，保持心理的平衡。当工作繁重、心理压力过大的时候，团队成员应学会自放松。如参加各种体育活动；与家人、朋友聊天或欣赏音乐等宣泄一下自己压抑的情绪；工作中也可以放松，可抽出 5~15 分钟的时间来做深呼吸。

（2）合理安排时间，制定切合实际的目标，正确处理人际关系。团队成员之所以精神高度紧张，一方面是由于工作量大引起的，另一方面也和自身处理问题的态度和方法有关。要学会全面安排，量力而行；生活有序，忙中偷闲；要懂得转换角色，把工作和家庭分开。

(3) 增强心理品质，培养兴趣，积极转移压力。积极增强自己的心理品质，完善自己的人格和性格，善于控制自己的情绪。有意识地培养兴趣，这样一方面可及时地放松自己，另一方面可有效地转移压力，有利于消除工作的紧张和疲劳。

(4) 寻求理解和帮助。遇到压力时，不要自己一个人默默承受，一定要尽快寻求适合的解决方案，与家人、朋友倾诉，参加有关心理学的培训和学习。

总之，团队成员一定要以积极乐观的态度来面对人生中的一切，并学会用正确的方法来应对压力，保持健康的身心，迎接社会的挑战。

3. 找准自己定位

生活在竞争激烈的现代社会，我们每个人都应认真分析自己的知识结构，哪些属于自己的优势，哪些属于自己的弱势，找准自己的定位，充分发挥自己的优势，摆正自己的心态，从生活、工作中获得成功的快乐和满足，这样的人生才有意义，才会活得更加精彩！

找准自己的人生定位其实就是要找准自己的位置，认知自我，做好自己，完善自我。每一个人在世上就犹如农夫一般，都有一片田，种什么就收获什么。可惜的是有那么多的人生活在世上，也许他富有一切，也许他一无所有，可到了人生的最后也没有找准自己的人生定位。

成功的含义对每个人来说都有可能不同，但无论你怎样看待成功，你都必须有自己的定位。这样，当面对压力时，我们才不会自己吓唬自己，才会作出最正确最适合自己的选择。

有块铁不知金子为何物，便自以为自己就是块金子。

一个铁匠说："让我把你打造成一把锋利的宝剑吧。"铁说："我是一块金子，为什么要把我打成宝剑？"铁匠遗憾地摇摇头说："你只是一块铁，并不是金子。"铁不相信，后来铁终于看见了金子，被金子的光晃得头晕目眩，说："你就是世界上最名贵的金子吧？"金子对铁说："我是金子，但不是世界上最名贵的，这个世界比我名贵的东西多得是，世上每个人都有着每个人的作用，锋利的宝剑永远也不会由金子做成。"这时铁才知道自己的价值，于是铁便找到那个铁匠，把自己铸炼成了一把锋利的宝剑。

找准自己的位置，将压力转化动力，有时反而能有所成就。如果只是纠结在原地，那么这个人不论是在团队工作中，还是生活中都将一无所成、一无所获。

中国有句古语：富不过三代，穷不过五世。

一个乞丐在路旁卖橘子，一名商人路过，向乞丐面前的纸盒里投入几枚硬币后，就匆匆忙忙地赶路了。过了一会，商人回来取橘子，说："对不起，我忘了拿橘子，毕竟你我都是商人。"几年后，商人参加一个高级酒会，一位衣冠楚楚的先生向他敬酒致谢说："我就是当初卖橘子的那个乞丐，而我的改变完全得益于您的那句话：你我都是商人。"

这个故事告诉我们：你定位于乞丐，你就是乞丐；当你定位于商人，你就是商人。定位改变人生，定位决定人生。

不论何时，我们都要明确自己的能力大小，给自己打打分，看看自己的优势和劣势，这就需要进行自我分析。通过对自己的分析，深入了解自身，根据过去的经验选择、推断未来可能的工作方向与机会，从而彻底解决“我能干什么”的问题。只有从自身实际出发，顺应社会潮流，有的放矢，才能马到成功。要知道个体是不同的、有差异的，我们就是要找出自己与众不同的地方并发扬光大。定位，就是给自己亮出一个独特的招牌，让自己的才华更好地为工作单位所识，同时对自己的认识分析一定要全面、客观、深刻，绝不回避缺点和短处。

工作中，要以一颗平常心来面对压力。同时，不要自己吓唬自己，要让自己工作更富有乐趣，让生活更富有温暖，以积极、健康、向上的态度工作，相信工作也会回馈给你更多！

职业法则2：有磨炼才会有进步

工作中，总会遇到竞争对手。当遇上强敌时，有的人会觉得很沮丧；有的人却感到无比兴奋，因为遇上强敌，才会磨炼我们的意志，才会让我们进步。工作因竞争而变得更加精彩。

在团队工作中，挫折不少，压力不少，各方面的困扰也不会少。如果团队成员能够换一种角度来想，将这些问题都当成对自己的磨炼，那就会激励自己努力前进。在磨炼下，进步的速度要比在平常状态快得多。

有这样一个故事：

苏秦是战国时期著名的纵横家，早年到过几个诸侯国，推行自己的连横合纵之策，但无人理睬，回家又遭到亲戚朋友的白眼，于是，他便闭门不出，发愤读书，汲取广博的知识，以求得事业上的成功。苏秦夜以继日地伏案苦读，夜里读书打瞌睡时，用锥子刺自己的大腿来振作精神，坚持学习。他遍览群书，获得了渊博的知识，终于成为著名的游说家，最后成为佩六国相印的“从约长”。苏秦就是因为不断磨炼自己，他才会成功，他的人生才这么精彩。

我们不妨想一下，如果一个将军没有经过磨炼，没有竞争，最后的归宿不是战死沙场，而是在没有敌人的挑战声中死去，那么他的人生将是悲哀的。工作中，是不能缺少对手的，有了对手，就能让人的各种能力更上一层楼，既然生活中的对手无穷无尽，我们与其逃避，不如去坦然面对，用自己的真才实学来战胜对手，获得别人的肯定。是对手给了我们努力的动力，是对手让我们奋发图强，是对手让我们发现了自己的潜能，所以，我们应该感谢对手，感谢对手的挑战声，是他的挑战声磨炼了我们，是我们的竞争对手使我们有一番成就。工作过程因磨炼而美丽，因竞争而精彩。

空中楼阁终不长存。当你想攀登高峰时，不知多少人要与你竞争，比分数、比名次、比速度、比耐力。当你被人挤下去并且越来越靠后时，我们才知道，与世无争的桃花源是不存在的，世界从来都是竞技场，没有磨炼和竞争意识的人终将一无所获。竞争无所不在，磨炼也无处不在，压力也无处不存。只要我们有所作为，我们就会有压力，就需要磨炼自己，就需要去竞争。有了压力，才会有动力；有了磨炼，才会有进步。

生物进化论认为，许多生物不是逐渐进化，而是突变进化的，而突变往往产生于环境的突变，这就是我们所说的压力。试想，如果大地上仍处处温暖湿润、和风细雨，怎么会有冰清玉洁的雪莲、傲然挺立的古松、热情似火的枫叶、威武雄健的仙人柱呢？又怎么会有银杏、丁香呢？可见，进步需要动力，需要不断磨炼，动力离不开压力和竞争。其实竞争是很痛苦的，竞争的恐惧是我们任何人都无法摆脱的。

然而，知难而上，奋发图强，是竞争的作用；知难而退、消极颓唐，也是竞争的作用。有的人没有经过磨炼，他面对竞争，他垮掉了，而更多地是涌现一批强者，真可谓成也竞争，败也竞争。有竞争，就有淘汰，你认为痛苦吗？当然痛苦。但团队里不需要弱者，对弱者只有同情怜悯，直至遗忘。但是淘汰不是错，每个人都有不如他人的权利。但被淘汰的人想过没有，在竞争中取胜的人也是在压力和磨炼下创造奇迹的人?!

这些人，带给世人的是欢欣，是鼓舞，是信心，还有昂扬斗志。竞争，不是狭隘地排挤，而是积极地参与，是认识他人，磨炼自我，是精益求精，更上一层楼。磨炼，使人难以忍受，使人步履维艰，但它能使强者站得更挺，走得更稳，产生更强的斗志。穷且益坚，不坠青云之志，这就是竞争的内涵，敢于面对磨炼和竞争，才能充分展现我们的实力，展示我们胜利的希望。

在工作中，每个人可能面对各种各样的困难、诱惑、委屈，难免出现心理上的失衡。这时，就要以平和、冷静的心态，理性地面对各种各样的问题，保证自己能够到达理想的彼岸。

有这样一个事例：

有一个年轻人，新到一家民营企业上班。本来招聘时，年轻人和人力资源部经理、老板都谈好了，做销售总监，负责全盘的销售。而上班以后，老板说了种种理由，安排他暂时做销售总监助理，每天负责搜集报表、通知会议等杂事，销售总监由老板暂时代理。于是，他就配合着老板，拿着销售总监的工资，做助理的工作，连续做了3个月。直到3个月以后，他和老板长谈了对公司的目标和计划的看法，才坐到销售总监的位置上，不禁长嘘了一口气。

每个人都应向事例中的年轻人学习，好好珍惜工作中的磨炼和考验机会。因为如果不好好把握工作中的磨炼，很可能失去在工作中提升的机会。

现实中，没有人能够一步跨到领导岗位上。领导中很多人都是从最普通甚至打杂的工作做起的。美国标准石油公司的第二任董事长阿基勃特，就是由一个普通的公司销售员做起的；蒙牛企业的老总牛根生，当年也是从伊利公司的刷瓶子工人做起的。

在马来西亚，有许多大公司为了培养员工，他们一批又一批地将本公司的经理、工程师，甚至是秘书送到丛林去生活一段时间。这些公司的总裁认为，只有通过这些磨炼，才能培养出他们所需要的人才。而事实也证明，这些经过磨炼的员工确实要比没有磨炼过的员工更加有承受力，内心更强大，工作中进步也更快。

工作是一种磨炼，每个人都是一块能够发光的钻石，只有经过打磨、碰撞、雕琢，才会焕发出宝石真正的光彩。

职业法则3：培养良好的心理素质

古人说“居有常，业无变”，我们要锻炼自己，即使受到委屈、感到痛苦，也要尽量坚持。不要轻易放弃，不能面对挫折时就去逃避。同时要学会管理自己的不良情绪，学会控制自己的情绪，调整自己的情绪。

现代社会，很多人的日子越过越好，但是心理素质却越来越差。俗话说不经历风雨，就见不到彩虹，只有经过风吹雨打，我们才能茁壮成长。

那么，什么是心理素质呢？心理素质是人的整体素质的组成部分。心理素质包括人的认知能力、情绪和情感品质、意志品质、气质和性格等多方面。心理是人的生理结构特别是大脑结构的特殊机能，是对客观现实的反映。可以说，一个人的心理素质是在先天素质的基础上，经过后天的环境与教育的影响而形成并发展起来的稳定的心理品质。不仅包括人们通常所认为的情绪稳定、意志坚强，还包括认识过程和个性等内容。比如，在认识过程方面，有的人记忆力好，有的人记忆力差；有的人思维活跃，有的人思维迟滞；有的人想象力丰富，有的人想象力贫乏。在情绪情感方面，有的人情绪稳定，遇事沉着；有的人情绪不稳定，遇事慌张。在意志方面，有的人有自己的目的打算，有的人则盲目从众；有的人在行动中坚韧不拔，有的人则很动摇；有的人有良好的自制力，有的人很冲动。这些都表现了我们的心理素质。

对于心理素质不好的人来说，就要有意识地提高心理素质。提高心理素质是需要有意志力的，它需要一个过程，也需要不断地努力与锻炼。下面有几方面值得想要提高心理素质的人学习和借鉴。

1. 自我认识

自己的心理素质究竟如何？这是一个想要提高心理素质的人首先要问自己的问题。心理素质体现的方面不一定一样，有些方面是强项，而有些方面可能是弱项。例如有的团队成员一遇到复杂的工作就焦虑，看到困难就想逃避，越工作越有压力。

一般这样的人或多或少都有自卑心理，而自卑的来源主要有三方面：一是缺乏成功的体验；二是缺乏客观公正的评估；三是自我评估偏颇。总的来说，自卑的人缺乏对自我的正确认识，缺乏对自己的肯定。

美国心理学家约翰和哈里提出的关于人自我认知的窗口理论非常值得自卑的人学习。他们认为，每个人的自我都有四个部分：即公开的自我、盲目的自我、秘密的自我和未知的自我。在认识自我的过程中，如果可以通过与他人分享秘密的我，通过他人的反馈减少盲目的我，我们对自己的认识就可以更全面、更客观。所以，在认识自我的过程中，对自己持一种开放的心态，敢于在人前展示自我，敢于与人分享内心的秘密，是我们认识自我的重要一步。

认识自我之后，还应学会接纳自我，只有真正的接纳自我，才能更好地取长补短，发挥自己的优势。在认识自我和接纳自我之后是为了更好地完善自我。当认识到自己的不够完善的地方时，就可以积极地加以改变。因为每个人需要完善的地方不同，以下，仅以克服自卑、树立信心为例，做一些更为具体的说明。

（1）克服自卑，树立信心最重要的一点，就是目光长远一些，不要拘泥于眼前的小事。你会发现，天地是那么的宽广；我们的周围有很多友好的人，有很多值得去参与的事情。这样，自卑也就淡化了。

（2）要明确自己所自卑的内容其实是自己的想象，也许周围的人根本就没有注意到。比如：你因为稍微有些胖而自卑，你可以放眼望去，比你胖的人多的是，特别是在外国，肥胖的人比比皆是。认识到这一点之后，你就可以通过锻炼身体等方式而积极加以改善。

（3）要多多与人交流、多多参加实践。这是一条放之四海而皆准的原则。如果能在集体活动中，在与人交流的过程中，积极地参与，你会发现，以前自卑的自己其实也可以做到十分开朗的，于是你就可以收获满满的自信了。更具体的做法是，你可以为自己列出一些近期加以实施的行动，如主动大声地与人打招呼、微笑、练习当众发言等。

自我认识是一个过程，在这个过程中只要我们有信心，就可以不断地完善自我，战胜自卑，提高自己的心理素质。

总之，只要认识自我，肯定自我，就不会自卑，因为自己相信自己。同时，相信自己是对的时就不要犹豫不前，徘徊不定，要勇敢地走下去！

2. 把握自己的情绪

情绪是一个人心理活动的最直接也是最真实的外在反映，认知心理学家认为，思维决定情绪，也就是对人、对事件、对环境进行的解释，内心有什么样的想法就会有什么样的情绪体验和情绪表现。一个正常的人，在他遭受屈辱、义愤填膺的时候绝对不会开怀大笑。那么一个人在面对困境、面对挫折的时候，他会表现出怎么样的情绪来呢？其实通常情况下最常见的无非就是紧张、焦虑、烦躁、失落和抑郁等消极情绪体验，试想在这样的情绪体验下，能做好什么样的事情呢？再有能力的人又能发挥出多高的水平来呢？因此把握自己的情绪是有效克服和提高心理素质的关键。以下介绍一些常用的方法。

（1）积极归因。情绪的产生与人的认识有直接关系。正确地归因，找到问题的症结所在，改变错误观念，是克服不良情绪的关键。首先，我们要觉察到自己的情绪，自己是因为什么事情而生气了，觉得无助了；其次，认清这件事情，并找出其原因。

（2）宣泄。宣泄的方法很多，比如倾诉，培根有一句名言："把快乐告诉一个朋友，将得到两份快乐；把忧愁向一个朋友述说，则只剩下半个忧愁。"可以哭泣。哭是自我心理保护的一种措施，它可以释放不良情绪产生的能量，调节机体的平衡。可以发泄，如跑到无人的地方去大喊、大叫；把导致不良情绪的人和事写在纸上，毫不掩饰地写，痛快淋漓地写，写完之后一撕了之等。要注意的是，合理发泄不等于放纵、任性、胡闹，如果不分时间、场合、地点随意发泄，不仅不能调控不良情绪，还会造成不良的后果。

（3）注意转移。就是把注意力从引起不良情绪的事情转移到其他事情上，可以做一些自己平时感兴趣的事或活动。比如，通过游戏、看电影、散步等有意义的活动，使自己从消极情绪中解脱开来，从而激发积极、愉快的情绪反应。

除上述之外，还有自我安慰、积极的自我暗示、学会放松等方法。

总之，在情绪不佳时要学会把握自己的情绪，尤其是情绪激动时要学会克制，学会冷静地思考和处理。如下面这个故事：

从前，有个脾气很坏的小男孩。一天，父亲给了他一大包钉子，要求他每发一次脾气都必须用铁锤在后院的栅栏上钉一颗钉子。

第一天，小男孩在栅栏上钉了37颗钉子。过了几个星期，由于学会了控制自己的愤怒，小男孩每天在栅栏上钉钉子的数目逐渐减少了。他发现控制自己的坏脾气比往栅栏上钉钉子要容易多了……最后，小男孩变得不爱发脾气了。

他把自己的转变告诉了父亲。他父亲又建议说："如果你能坚持一整天不发脾气，就从栅栏上拔下一颗钉子。"经过一段时间，小男孩终于把栅栏上所有的钉子都拔掉了。

父亲来到栅栏边，对男孩说："儿子，你做得很好。但是，你看钉子在栅栏上留下那么多小孔，栅栏再也不是原来的样子了。当你向别人发过脾气之后，就会在人们的心灵上留下疤痕。就好比用刀子刺向了某人的身体，然后再拔出来。无论你说多少次'对不起'，那伤疤都会永远存在。所以，口头上的伤害与肉体的伤害没什么两样。"

这个故事让我们明白一个道理：无论谁对谁错，我们都应该冷静面对。工作中，常常有让我们想大发脾气或者是喋喋不休的时刻，这时我们首先应该做的不是抱怨，而是控制好自己的情绪，然后冷静地去处理这些事情。学会把握自己的情绪，做自己情绪的主人，这是提高心理素质过程中不可缺少的一个磨炼环节。

3. 提高受挫力

不同的人，在同一情境中受到相等强度的挫折时，会有不同的反应，在能否经常受得起挫折打击上表现出明显的不同。这不仅因为各人经受挫折时的心理状态不同，对挫折的认知、评价和理解不同，还在于他们对待挫折的态度和应付挫折的行为方法的差异。能够以积极的态度和合适的方法对待挫折、克服障碍的人，其挫折的承受能力就强，就能更好地获得对挫折的良好适应。提高挫折的承受能力，有很多方法，其主要方法有：

（1）正确认识挫折。要能够正确地认识挫折，并不是一件容易的事情。当自己处在旁观者的地位，看到别人遭遇挫折时，或许有时还能作出一些较为正确的分析，而当挫折降临到自己的头上时，要能作出正确而清醒的认识则就很不容易了。在挫折情境中许多不理智的反应，不正确的行动，都是与缺乏对挫折的正确认识有关的。因此，我们就应当有正确的挫折观。

（2）认识挫折的两面性。挫折会给人以打击，带来损失和痛苦，但也能使人奋起、成熟，从中得到锻炼。挫折既有消极的一面，也有积极的一面。

富兰克林当年的电学论文曾被科学权威不屑一顾，皇家学会刊物也拒绝刊登，第二篇论文又遭到皇家学会的一阵嘲笑。他的论文被朋友们设法出版后，因论点与皇家学院院长的理论针锋相对，遭到这位院长的人身攻击。但富兰克林没有被挫折所吓倒，没有放弃自己的科学信念，而是更积极地投入实验，以实践来证实自己的立论，这就是使他冒着巨大的生命危险进行的风筝攫电的有名实验，他终于获得了成功。于是，他的著作被译成德文、拉丁文、意大利文，得到了全欧洲的公认。这正像常言所说的水激石则鸣，人激志则宏。试想，如果没有那些挫折，没有那些曲折和苦涩，他也许还不会取得成功。

大文豪巴尔扎克说过："世界上的事情永远不是绝对的，结果完全因人而异。苦难对于天才是一块垫脚石……对于能干的人是一笔财富，对弱者是一个万丈深渊。"

(3) 善于变换角度看待自己所面临的挫折。团队工作中，当我们面临挫折，不要一味地站在原地而是要变换角度去看挫折。就如照相，同一景物，如果从不同角度拍摄，就会得到不同的形象一样。变换角度看挫折也是同样，也许你会在这些不同的角度中找到战胜挫折的方法呢！

(4) 遭受挫折时不要紧盯不放。挫折对人的刺激往往比较强烈，并伴随着心理、生理活动不同程度的卷入，因而会给人以深刻的印象，尤其使人产生了强烈情绪反应的挫折，更会使人感到时时被它所纠缠。然而，挫折如果已经发生，那就应当面对它，寻找解决的办法；如果已经过去，那就应当丢开它，不要老是把它保留在记忆里，更不要时时盯住它不放。当然，这里不是主张有了挫折和坎坷，就可以完全不去看它，采取逃避的态度，而是说，一方面，情感不要长久地停留在痛苦的事情上；另一方面，用理智的头脑多寻找挫折的突破口，力争克服它，解决它。

4. 克服自己的惰性思想

工作中，无论何时都不要有光想不做的懒惰思想，这样的思想往往像"千里之堤毁于蚁穴"一样可怕，最终会毁掉你的工作前程。比如，在工作上有很多事情，有些事情很简单，也不用很多的时间，但是，由于惰性总是拖住不处理，老是明日复明日，老是做不成。因此，每位团队成员都应努力克服自己的惰性。要改变惰性，高效地处理复杂工作，就是要该调查考察的就调查考察，该思考的就去认真思考，该决断的果断去决断。那么，该怎样去克服惰性呢？下面有几种方法：

（1）团队工作总是一件接着一件的，想要又快又好地完成工作，不给惰性以“可乘之机”，就要将所有的工作列出一个清单，然后一件一件地去完成。这样做事不仅工作效率高，而且还很有成就感。

（2）工作中，当你准备开始做一件事或者做事的时间很有余地时，要给自己设定一个期限。当工作有了一个期限存在时，心里就会有种紧迫感，自然会加快做事的进度。

（3）找其他团队成员一起做事。很多时候，我们之所以懒得做某些事，其主要因素是因为自己一个人不想干，那么，解决这个问题的最好方法就是找来其他的团队成员一起做事。这样大家可以相互学习并互相督促，以便更好、更快地完成工作。

（4）多想想事情的积极面。在心里不断默想做好这件事情之后会有哪些好处，这样就会促使我们下定最后的决心。

（5）万事开头难，所以，凡事先开头再说。不管整件事情着不着急，先着手开始，一旦开始，就会自然步入轨道，否则会迟迟等待，没有开端。

（6）将周围的诱惑隔离掉。有很多时候，我们不想做事情是因为周围有比它更具诱惑力的东西，只要我们事先将这些诱惑隔离掉，那么我们就只能去做我们应该做的事情了。

通常，心理素质好的人都具有充分的适应力，能够承受工作的压力并敢于挑战困难的工作。之所以能够做到这些，是他们充分了解自己，对自己的能力有比较客观的认知，因此作出的决策也是符合自己实际的。同时，心理素质好的人其人格是完整的、和谐的，有良好的人际关系，能够把握自己的情绪。即使是在工作中失败，也是积极地面对失败，并善于从中找到问题，逐渐改正。这样的人不会因一时的失败而气馁，也不会因一时的成功而骄傲。

提高心理素质，不仅仅是团队成员个人的事情，也是整个团队发展的关键。提高心理素质，提高团队的承受力，让团队走向未来、走向成功。

职业法则 4：树立正确的工作态度

态度反映境界，态度决定状态。不同的工作态度，反映了不同的人生观、价值观和事业观，折射出高低分明的思想境界和精神状态。

在工作面前，态度决定一切。没有不重要的工作，只有不重视工作的人。不同的态度，成就不同的人生，有什么样的态度就会产生什么样的行为，从而决定不同的结果。

把工作当成一种事业的人，不是为工作而工作，而是通过努力工作实现为团队分忧、为团队谋利的理想抱负。把工作当作一份职业的人，则完全是为工作而工作，工作是为了糊口养家，上班在他们眼里只是谋生之道、安身之术、立命之所。而把工作当作一门副业的人，工作仅仅是一个招牌、一个幌子，他们心不在焉，把心思和精力都放在本职之外，有的甚至利用公职、公权揽私活、谋私利。

态度折射品质，态度影响成败。把工作当事业来对待的人，往往会激发一种强烈的使命感，保持旺盛的工作热情，变“要我干”为“我要干”。把工作当职业来对待的人，往往做一天和尚撞一天钟，只求“过得去”，不求“过得硬”，只求“无过”，不求“有功”，斤斤计较个人的利益得失，满足于不出错、不出局，工作上难有大起色、大作为。而把工作当副业来对待的人，公事“磨洋工”、私事“打冲锋”，工作中慵懒散漫，敷衍了事，要么不作为，要么乱作为，结果误己误事更误人。

大量正反两方面的事实告诉我们，大凡有作为者都视工作为事业，甚至视工作胜于生命，他们的人生也因事业有成而异彩纷呈，富有意义和价值；而大凡平淡无为者多因只为工作而工作，结果工作完了，人生也到头了，退休便褪了色，退位便失了志；至于那些把工作当副业的，不但会因为“不务正业”砸了“饭碗”，而且常常会因为一己私利而误入歧途。

在团队中，工作最基本的要求是出满勤，干满点，不迟到，不早退，有事请假，不无故缺勤。一个经常迟到、早退的人，一个在办公室经常找不到的人，一个坐不住，经常乱跑的人，无论如何讲都是一个不合格的团队成员，无论他自认为自己多么优秀，都是团队不欢迎的人。这样的人多了，这个团队的风气就坏了。团队需要的是满腔热情的人，一心扑在工作上的人，实实在在、踏踏实实干事的人，这样的人才是团队的脊梁、未来的希望。

踏实的工作与踏实的为人往往是一致的。工作的不实与做人的不实往往是一致的。一个不敬业的人，对工作不负责的人，一定对他人也不会尽心尽责。

有志者有为，有为在于把一份工作当作一种事业来追求、创造和实现。说到底是树立怎样的人生观。人为什么而工作？从一定意义上讲，工作当然是一种谋生的手段，但更应该是有志者实现人生价值和理想的舞台，人的工作时间是有限的，但如果把有限的工作时间投入无限的事业中去，这样的工作意义深远，这样的人生价值非凡。把工作当事业，就是对工作始终保持热情、充满感情、怀有激情，始终保持昂扬向上的精神风貌，让工作成为自己割舍不下的一份牵挂，让事业成为人生风景中最绚丽多彩的部分。

工作上勤奋些，多干些，才能得人心、得实惠、得利益、得信任、得尊重；少干会失人心，失尊严，失机会，丢利益。只有干事，才有精神、有活力，生活才有意义。人要有真干事的心，真干事的劲，要有真心干事的精神状态。真干，就要不找借口，没有理由，不讲条件地干。

团队中，有一些团队成员往往一边干一边给自己找不干、干不好的各种理由，实质上是不想干、不能干、干不好的理由，这是真干与假干的区别。真干就要雷厉风行，就要学会加班加点，不讲报酬地干。一个怕苦、怕累、怕忙、不会加班、不愿加班的人是不可重用的，是不值得信赖的，是干不成大事的。人必须要有点“疯”劲、“傻”劲，甚至干起工作来有点“神经”劲才行。干事业不能要那种惜力的人，也不能要那种只会巧干，不会拼命“傻干”的人，因为干事业必定有许多时候不仅需要巧，更多的是实干、苦干。

团队工作中，之所以有团队成员会在工作中遇到比其他团队成员更多的问题，皆是因没有一个好的工作态度。那么，如何才是正确的工作态度和方法呢？

1. 树立正确的目标

目标是努力方向，目标是动力源泉，只有以积极向上的态度树立正确可行的工作目标，才能在平凡的岗位上作出不平凡的业绩。工作目标越明确，工作态度才会越积极。

2. 爱岗敬业

团队中每一位团队成员都要用积极的心态去面对工作，把工作当成自己的事业，既然选择了这份工作，就必须接受它带来的酸甜苦辣，而不仅仅是享受它给予的快乐。在现实工作中，不是每个人都能选择自己最理想的职业和岗位，但是不管做什么工作、在什么岗位，我们都必须做到爱岗敬业，做到干一行爱一行，这就是工作态度。

3. 加强团队精神

一个人要是没有团队精神，很难取得事业的成功；一个团队要是没有团队精神，将是一盘散沙。加强团队精神，既要尊重个人，更要协同合作，把个人利益和整体利益有效地结合起来，不断提高团队成员的向心力、凝聚力，这也是一种工作态度。

4. 必须重视细节，从小事做起

“一屋不扫，何以扫天下”，不愿做小事的人是绝对做不成大事的。在团队工作中，有些团队成员只图虚名不愿意脚踏实地地工作，当工作中出现小错误时，抱着不影响大局的态度听之任之，却忘了差之毫厘会谬之千里，因为任何一个小小的细节都有可能引起严重的后果，造成无法挽回的损失。只有从细节做起，从小事做起，从自我做起，才能有尽职尽责的工作态度，只有尽职尽责才能把事情做到尽善尽美。

学会用正确的态度和正确的方式对待工作，会让你的效率提升一个层次，最终，成功将是唾手可得的事情。

“石油大王”洛克菲勒根据人们对待工作的态度，把人分为三类：

第一类人对工作很反感，把工作看成是负担和惩罚，他们经常抱怨、牢骚满腹，嘴里常常说的是“累”；

第二类人比较实际，把工作当成是一种养家糊口的方式，因此虽然没有任何怨言，但也只是为了工作而工作，没有更高的追求；

第三类人则把工作当作一种快乐，把完成的劳动成果看作自己的一种成就感，把工作看成是一种创造，在工作中不断进取、享受快乐。

我们不能改变过去，但可以改变现在；我们不能改变别人，但可以改变自己；我们不能改变环境，但可以改变态度。态度决定高度，态度决定角度，态度决定思路，态度决定一切。良好的工作态度是实现共同使命的前提，积极的工作态度是实现共同价值的保证，阳光的工作态度是实现共同愿景的关键，让我们以良好、积极、阳光的心态去快乐学习、快乐工作、快乐管理、快乐生活吧！如此，我们就能以积极的心态、饱满的热情去迎接每一个挑战；如此，我们再也不会在挑战中迷失自己；如此，我们的内心就逐渐地强大，强大到可以战胜一切的困难。

职业法则5：工作之余学会宣泄

宣泄是一个排解或释放紧张情绪的过程。人之所以想要宣泄是因为工作中紧张与抑制冲突、记忆或观念有关。通过宣泄，人

们内心的压力可以得到释放和减轻，能够更好地为接下来的工作做好准备。

每个人都渴望时时如意，事事顺心，但事实上“工作有苦也有甜”。当面对工作固有的烦恼和时代变革带来的种种困惑，面对压力的纠缠，追求的失落，奋斗的挫折，情感的伤害等困扰时，不良的情绪体验油然而生。如果对不良情绪不能正确对待，不加以及时调节疏导与释放，就会影响人的工作、学习和正常生活，继而导致身心疾病，危及人的健康。

为了维持自身的心理平衡，人们就需要去寻找一个恰当的对象将个人的消极情绪予以宣泄，使心中积压的负面情绪得以稀释，从而摆脱这种情绪的干扰，保持心理的平衡。因而，宣泄可以帮助人们排遣不良情绪，但宣泄要合理。

那么，怎样来宣泄工作中遇到的不良情绪呢？

1. 学会倾诉

当遇到不愉快的事时，不要自己生闷气，把不良心境压抑在内心，而应当学会倾诉。每个人的周围总会有几个知心朋友，当产生不良情绪时，朋友们聚一聚，一壶清茶，一杯咖啡，就事论事倾诉一番，把自己积郁的消极情绪倾诉出来，以便得到别人的同情、开导和安慰。美国有关专家研究认为：“一个人如果有朋友圈子，就能长寿20年”，可见，朋友对一个人生活的重要性。

2. 采用音乐治疗法

高歌释放音乐对治疗心理疾病具有特殊的作用，而音乐疗法主要是通过听不同的乐曲把人们从不同的病理情绪中解脱出来。殊不知，除了听以外，自己唱也能起同样的作用。尤其高声歌唱，是排除紧张、激动情绪的有效手段。当人们的不满情绪积压在心中时，不妨自己唱唱歌，歌的旋律，词的激励，唱歌时有节律的呼吸与运动，都可以缓解紧张情绪。

3. 以静制动

当人的心情不好、产生不良情绪体验时，内心都十分激动、烦躁、坐立不安，此时，可默默地侍花弄草，观赏鸟语花香，或挥毫书画，垂钓河边，这种看似与排除不良情绪无关的行为恰是一种以静制动的独特的宣泄方式，它是以清静雅致的态度平息心头怒气，从而排除沉重的压抑。这种方式往往是知识型社会成员的选择。

4. 适当地痛哭

哭是人类的一种本能，是人的不愉快情绪的直接外在流露。现实生活中除了过度激动外，哭总是由不愉快引起的。因此从医学角度讲，短时间内的痛哭是释放不良情绪的最好方法，是心理保健的有效措施。因为人在情感激动时流出的泪会产生高浓度的蛋白质，它可以减轻乃至消除人的压抑情绪。不过只是在内心受到委屈和不幸达到极大程度时才应该哭，如果遇事就哭，时时哭哭啼啼，事事悲悲泣泣，反而会加重不良情绪体验。

5. 大吼解千愁

当内心压抑、心有不平时，会感到心中憋着一股气，不发泄出来便不舒服。这时候，你可以走到旷野中向着大自然发出内心的呼喊。呼喊时要尽量吐露内心感到压抑的东西。这种吐露越真实、越彻底越好。心中积压的痛苦随着声声呼喊离人远去。通过大吼，吐出胸中的秽气，呼出肺部之浊气，吸入大量的氧气，改善了呼吸功能，舒张了胸廓幅度，调节了神经，增强了机体活力，令身心处于最佳状态。不过，大吼宣泄时千万要选择一个合适的地点，比如人烟稀少的公园、郊外，以免影响他人。

6. 运动

对不良情绪所产生的能量可用运动的方法加以调整。例如，当生气和愤怒时，可以进行比较剧烈的体育活动，跑两圈，扔几个铅球，把心理的能量变为体力上的能力释放出去，气也就顺些了。当你情绪低落、郁郁寡欢时，到运动场上打半小时篮球，或组织一些团队成员踢一场足球，抑郁的情绪很快就被竞技的兴奋状态所取代了。当因为工作而压力过大，出现头疼、胸闷、四肢无力、食欲不佳、失眠等现象时，不妨加强锻炼身体，如每天坚持跑步 20 分钟，一段时间后，你一定能感到身体又恢复了轻松状态，心情也因此而会变得更加阳光灿烂。

现实生活中宣泄的方法很多，人与人因个体差异和所处环境、条件各异，采用宣泄的方式也不同，从小小的一声叹气，到大声痛哭、疾呼、怒吼以及打球、散步、聊天等都可以起到宣泄作用。

在工作中，每位团队成员都应学会宣泄。因为，压力无时无刻不在侵蚀着我们，如果不能及时宣泄压力，及时调整自己的内心，那么，时间一长，压力自然会将我们压倒。届时，不光是在团队内难以生存，就是在社会上也难以立足。因为压力已经将你的精神彻底打垮，所以，适时宣泄，适时为自己减压是十分有必要的。

职业法则 6：克服焦虑，释放内心的紧张

焦虑是一种心理疾病，是人们在与人交往过程中所产生的。如果不能及时调节让自己放松下来，将会给我们的工作和生活带来巨大的影响。

焦虑是指一种缺乏明显客观原因的内心不安或无根据的恐惧，是人们遇到某些事情如挑战、困难或危险时出现的一种正常的情绪反应。焦虑通常情况下与精神打击以及即将来临的、可能造成的威胁或危险相联系，主观表现出感到紧张、不愉快，甚至痛苦以至于难以自制，严重时会伴有植物性神经系统功能的变化或失调。

焦虑对人的工作、学习及机体的生理功能等各方面都会产生影响，轻度或适度的焦虑，使大脑和整个机体处于适当的觉醒水平或兴奋状态，思维敏捷，判断准确，迅速作出决定，使机体保持充沛的体力；中度或中度以上的焦虑对人体产生不利影响，甚至发展为焦虑障碍。

可见，焦虑与焦虑症既有联系又有区别。轻度焦虑对人有益，会激励人的潜质。而严重的焦虑则会演变成焦虑症，对人的身心健康造成危害。

如果是在工作中产生焦虑，严重者就会患上工作焦虑症。工作焦虑症已经成为现今普遍的现象。现在的生活中，我们工作的

压力不断增大，从而诱发了工作焦虑症。工作焦虑症不仅会影响人的正常生活和工作，还会危害到人们的身心健康，因此一定要引起我们的注意。

虽说适当的焦虑往往能够激发人的潜力，促使人鼓足力量，去应付即将发生的危机，然而长期地处于焦虑状态中就会发展成为焦虑症。其中，工作焦虑症就是常见的一种。

工作焦虑症的常见表现及症状，具体如下。

(1) 担心自己如何出现在团队管理者、团队成员面前；

(2) 由于他人控制了局面而感到不舒服；

(3) 认为如果自己没能控制住局面就是个弱者或失败者；

(4) 经常有莫名的不安和害怕，但又说不出具体原因；

(5) 经常感到来自于追求成就（或成功）的持续的压力；

(6) 遇事紧张、恐惧、多疑，缩手缩脚，依赖别人，显得缺乏主见；

(7) 感到自己强烈地需要得到别人的认可，如果得不到认可会产生挫败感或者不知所措；

(8) 内心总是不自觉地焦虑，总有患得患失的感觉，对别人的话敏感；

(9) 在工作中，很难专注精神，思维迟钝，反应迟缓，丢三落四，经常出错，面对突如其来的问题不知所措；

(10) 有恐惧情绪，对工作上的失误、批评、惩罚等出现惊恐反应，并伴有睡眠障碍和植物神经不稳定现象。

面对焦虑，我们不应逃避而是应克服它，可以采取以下几种策略释放内心的紧张情绪：

1. 具备良好的自我心态

首先要乐天知命，知足常乐。其次是要保持心理稳定，不可大喜大悲，要心宽，凡事想得开，要使自己的主观思想不断适应客观发展的现实。不要企图将客观事物纳入自己的主观思维轨道，那不但是不可能的，而且极易诱发焦虑、抑郁、怨恨、悲伤、愤怒等消极情绪。再次是要注意“制怒”，不要轻易发脾气。

2. 增加自信

自信是治愈神经性焦虑的必要前提。一些对自己没有自信心的人，对自己完成和应付事物的能力是怀疑的，夸大自己失败的可能性，从而忧虑、紧张和恐惧。因此，作为一个神经性焦虑症的患者，你必须首先自信，减少自卑感。应该相信自己每增加一点自信，焦虑程度就会降低一点，恢复自信，也就能最终驱逐焦虑。

3. 自我疏导

轻微焦虑的消除，主要是依靠个人，当出现焦虑时，首先要意识到自己这是焦虑心理，要正视它，不要用自认为合理的其他理由来掩饰它的存在。其次要树立起消除焦虑心理的信心，充分调动主观能动性，运用注意力转移的原理，及时消除焦虑。当你的注意力转移到新的事物上去时，心理上产生的新的体验有可能驱逐和取代焦虑心理，这是人们常用的一种方法。

4. 自我放松

当你感到焦虑不安时，可以运用自我意识放松的方法来进行调节，用自我松弛的方法从紧张情绪中解脱出来。具体来说，就是有意识地在行为上表现得快活、轻松和自信。比如说，可以端坐不动，闭上双眼，然后开始向自己下达指令：“头部放松、颈部放松”，直至四肢、手指、脚趾放松。运用意识的力量使自己全身放松，处在一个松和静的状态中，随着周身的放松，焦虑心理可以慢慢得到平缓，可以想象自己在碧波荡漾的海边或湖边，沐浴着温暖和煦的阳光，听得见波涛轻拍岸石的声音，闻得出空气中清新宜人的气息……让自己的身与心得到全面放松，抛弃过分的焦虑。

5. 自我反省

有些神经性焦虑是由于患者对某些情绪体验或欲望进行压抑，压抑到无意中去了，但它并没有消失，仍潜伏于无意识中，因此便产生了病症。发病时你只知道痛苦焦虑，而不知其因。因此在此种情况下，你必须进行自我反省，把潜意识中引起痛苦的事情诉说出来。必要时可以发泄，发泄后症状一般可消失。

6. 深呼吸和放松技术

长期处于焦虑状态时，会出现心慌、呼吸加快、肌肉紧张、头部不适、四肢发抖等不适反应，通过深呼吸和放松全身，可以减轻这些不适反应。

正确的深呼吸方式要点是：保持一种缓慢均匀的呼吸频率，将空气深吸入全肺，然后缓慢地全部呼出来。注意，吸气时应让你的胃部鼓起来，这表示你已用全肺呼吸。放松技术主要采用渐进性肌肉放松法，通过全身主要肌肉收缩——放松的反复交替训练，使人体验到紧张和放松的不同感觉，从而更好地认识紧张反应，最后达到心身放松的目的，并能够对身体各个器官的功能起到调整作用。

7. 利用想象

想象是用来冷静头脑、减少焦虑感和紧张感的一样非常有用的工具。这里有一个简单的想象练习让你的头脑想象出一个“特别的地方”，一个你能够感到安全，离开恐惧的地方。

先闭上你的眼睛，带着你的思绪去一个你想象出来觉得安全和开心的地方。它可以是一片热带沙滩、一块草地、一片森林，或者甚至是你的床。这完全取决于你——就使用你的想象力。做一个生动的想象，想一下你看到什么，听到什么，感觉到什么，闻到什么。用你的感觉引导你去一个冷静的状态。留在这平静的地方，直到你的呼吸变得越来越正常，你的头脑越来越冷静。当你感到你已经准备好，睁开你的眼睛，深深地呼吸。

8. 学会用正念平静内心

正念是一种起源于佛教冥想的技巧。它在冷静焦虑和集中注意力方面尤其有效。我们花费我们大部分的时间去担心未来或者是为昨日烦恼，以至于我们忘了去享受现在。于是正念出现了，它鼓励我们关注现在而不允许我们的头脑被一些没有帮助的想法困扰。这里有一些做法你可以去尝试一下。

坐在或躺在某个舒适的地方，然后开始扫描你身体的每一部分，把注意力放在每一个你感受到的物质感官上。从你的脚趾开始，到你的腿，你的胃，你的胸，你的肩膀，你的脖子和你的头，温柔地放松每一个你注意到的绷紧的地方，最后以一个长长的深深的呼吸作为结束。

当你在早上做准备的时候，把注意力放在每一样你在做的事情上面，而不是担心在这天将会有什么来临。当你在洗澡的时候，注意水的声音，感受它清洗你身体的感觉。享受被清洗干净的感觉。当你在刷牙的时候，把你全部的注意力放到这上面。当你在穿衣服，做早餐的时候，也同样如此。

每天早上确保你会用 5 到 10 分钟安静深思。看看窗外，听听你听到的声音，就能意识到你周围的一切，享受你内心的安静。

9. 学会自我控制和自我调节情绪的方法

要想解除对工作的过分焦虑，关键取决于团队成员的自我控制与调节能力。因此，可以用自我暗示法、焦点转移法、认识矫正法、自我放松法、系统脱敏法等。其目的是消除紧张刺激，保持健康稳定的情绪。

除了上述方法，团队成员如果在工作中产生焦虑情绪，还可以找朋友倾诉、出去旅游，如果还是得不到调整，需要正确分析评价自己，是处于职业枯竭期而需要再学习，还是缺乏宽容没有处理好与团队管理者、其他团队成员的关系，或者是压力过大，超出了自己的能力。对于处于工作困惑中的人来说，努力培养工作兴趣是非常必要的，实在没有兴趣，则要考虑换个工作了。

职业法则7：丰富自身的内心世界

工作中，别不重视内心世界，只有内心世界丰富的人，才会拥有巨大的力量，这种力量可以带动出无尽的潜力，使你的事业走向成功。

实际上，我们生活的世界其实有两个。一个即外在世界，一个即内心世界。很多人活在外在世界，忽略了内心世界。要知道只有内心世界富有创造力，内心世界要想创造什么，一般不盲目，外在世界均按你内心世界去实现。当然，大多数人内心世界受外在世界意想不到的客观因素限制，一生不如意很多，但总愿从好的方面去努力！

那么，我们为什么要丰富自身的内心世界呢？也许，下面这个故事可以给你以启示：

一位僧人在异地云游，他将旅途所见所闻还有一些自己的感受全部写进册子里。

他到过很多地方，几乎都是住在十分简陋的小旅店里。旅店里很寂寞，但是僧人很习惯。每天，他严格地写着见闻，然后将文字改得十分精美。闲暇的时候，他坐在大漠边，翻阅自己写的东西，有一种成就感。

然而枯燥的旅途使他逐渐地疲惫了，有一天他遇到一些徒步者，大家谈得投机，也就结伴而行。渐渐地，僧人的日记写得粗糙起来，最后一段时间，几乎将写作的事忘了，尽管结伴而行的旅途十分愉快。

一年后，回到寺庙，他将旅途中写的册子呈给师父看，师父翻阅之后，一语道破他“不是一个人在云游”。

僧人大吃一惊，不得不据实以告。

师父评点说，最初的字里行间透露出一个静字，每句话都似乎经过了深思熟虑，很深刻也很完美；后面的文字，却逐渐变得粗糙，也无更多的感悟和新意……

一个人的心灵不管在什么时候都是需要一种平衡的，心理一旦失衡，就会出现这样那样的问题，这和人身体的新陈代谢是一个道理。其实，独处的时候是最能判断一个人内心世界是否丰富的。有句话叫“耐得住寂寞的人不寂寞，耐不住寂寞的人才寂寞”。

对内心世界里没有多少东西的人，“独处”是一种灾难，因为他不懂得与自己对话，没有足够强大的力量支撑自己来对抗寂寞的折磨，他迫切需要获取外界的信息，需要与他人“结伴”，通过交流来滋润荒漠般的思想，否则无法生存。这样的人喜欢热闹，喜欢交际，但因为缺乏“内涵”，所以只能寻求一种“外平衡”。而能够坦然独处的人，恰恰是因为内心世界极端丰富，他不需要借助外力来刺激灵感，甚至喜欢让自己尽情地驰骋思想，探索一些永恒的东西。

通常内心丰富的人，同时也是内心强大的人。一个有着丰富内心世界的人也会非常自信，无须别人的肯定，懂得享受独处的乐趣，懂得一个人思考，一个人做事，一个人向自己的生活理想前进。一动不如一静，求人不如求己。让内心世界丰富起来，人生才会变得精彩。

虽然团队讲究的是团队协作，但只有每位团队成员内心世界变得足够强大，整个团队才能变得更加强大。那如何才能让自己的内心世界丰富起来呢？其中一个方法就是阅读。

获取别人的经验来丰富自己的思想，这是读书最让人愉悦的地方，但人的精力和时间都有限，所以事实上又不可能去读全部的书籍，这就有一个选择的问题。对我而言，由于平时工作繁忙，一般只读自己有兴趣的书。

因此，还是要多留一点时间给自己，读一点书，思考一点问题，升华思想，提升智慧。把时间耗费在因为躲避空虚和无聊而追求的浮华和热闹上，实际上相当于用酒和毒品来麻醉神经，于己无益，于事无补。读书是一个潜移默化的过程，它对心灵有很大的帮助，可以丰富我们的内心世界。

在读书中，我们会不知不觉地度过寂寞的时光；在读书中，我们会对人生有一些新的体验和感悟；在读书中，我们会不断加深对现实社会和自然界的认识；在读书中，我们会豁然开朗，从死胡同里走出来，找到另外一条大道；在读书中，我们的思想会不断升华，灵魂会不断净化；在读书中，我们会看到另一番天地，另一番景象；在读书中，我们会感觉到自己的无知，自己的浅薄，自己的短视，自己的丑陋，自己的卑微；在读书中，我们会使自己的能力得到提升，还可以学习到新的技能。

培根的话说得更为实在："当你孤独寂寞时，阅读可以消遣；当你高谈阔论时，知识可供装饰；当你处世行事时，正确运用知识意味着力量。懂得事物因果的人是幸福的，有实际经验的人虽然能够办理个别性的事务，但若要综观整体，运筹全局，却唯有掌握知识方能办到。"

阅读即是一种吸收，也是一种乐趣。少一些休闲，多一些阅读；少一些娱乐，多一些阅读；少一些睡眠，多一些阅读；少一些争执，多一些阅读；少一些奔忙，多一些阅读；少一些欲望，多一些阅读；少一些应酬，多一些阅读。你会觉得知识的阳光照亮了你的心灵，智慧的思想滋润着你的心灵，清新的观念和意识抚慰你的心灵，你的内心世界是丰富的，是多彩的，是充足的，是智慧的，是阳光的，是积极的，是向上的！那么，你就会不再有孤寂和消沉，不再有胆怯和贫瘠。

职业法则8：学会善待逆境中的自己

在顺境的时候，要想着去善待他人，可以让人生走得更远；在逆境的时候，要想着善待自己，可以让生命活得滋润。如此，才能更好地工作，更好地追求人生的成功。

“心想事成”是团队中每位团队成员都向往的。但是在现实生活中，谁也难保时时走运、事事如意，诸如工作受阻、晋职受挫、调级遇阻等不顺心的事，时常会缠绕着每位团队成员，逆境、阻碍使人烦闷苦恼，继而产生怨天尤人的想法。由此，不少意志薄弱者便因承受不住人生逆境的折腾而消沉、失志，甚至选择轻生。

其实，生活本身是丰富多彩的，既充满生机与快乐，也包含着更多的矛盾和斗争，在短暂的几十年人生中，真正开怀大笑的能有几天？往往是顺的时候少，不顺的时候多。

看看屈原的经历：

战国时期的爱国诗人屈原，20多岁时就受楚王的重用，官居左徒，主持外交内政工作，是楚国统治集团的核心人物，可谓少年得志。但是到了26岁时候，就因小人谗言，被贬为三闾大夫，从此以后就屡屡不得志。36岁流浪汉北，后被放逐到江南，最后竟怀石自沉于汨罗江而死。

再看看贾谊：

西汉时期大才子贾谊，18岁就以博学宏论的才能而闻名郡中，20多岁的时候，受到汉武帝的重视，被任为博士，不到一年又列太中大夫，但时间不长，就因故被贬。后来屡不得志，一直郁郁寡欢，30多岁抑郁而死。

人生就是一个遇到问题和解决问题的过程，并没有真实的顺境，只不过是出现问题较少，或者自身能够解决。作为一个正常的凡人，一定要充分认识到在现实社会中，往往会有许多不如意的事发生，难免要碰到困难、失败等逆境。正如晋代名将羊祜所感慨的："天下不如意事，十常居八九"，只不过因各人主客观条件的不同，"不如意的事"，有的人碰到的多一些，而有的人则遇到的少一些罢了。

对每位团队成员来说，不仅要在顺境的时候喜笑颜开，更要在逆境的时候以能容天下难容之事的大度来看待逆境、善待逆境中的自己。

首先，身处逆境的时候，一定要正确看待逆境，坦然面对逆境，既不要惊慌失措，也不能头脑发热，更不要悲观失望、怨天尤人，必须牢牢掌稳自己的精神支柱，对突如其来的灾祸，要表现出泰然处之的从容、宠辱不惊的安详、心如止水的境界，沉着应对。

其次，要对所处的逆境加以冷静分析，客观地把握好自己的逆境，明辨是非，充分认识自己的优势和劣势，注重把逆境带来的压力变成动力，因势利导地摆脱逆境的束缚。

再次，充分相信自己，要明白"世上没有救世主"，只有牢固树立必胜信念，才能使希望之树常绿，而千万不能一遇风浪就畏缩不前，一遇困难就自暴自弃，一蹶不振。莎士比亚说过："聪明人永远不会坐在那里为他们的损失而哀叹，却情愿寻找办法来弥补他们的损失。"因此，要像巴尔扎克那样"勇敢地去粉碎每一个障碍"。

最后，要学会自我保护和自我解脱，善于从逆境中寻找可由主观所致的"自我解脱点"，并加以突破，从而实现心理上的暂时平衡，以期达到以守为攻之目的。

善待自己，就是要学会宽恕，不在过去的错误中纠缠；就是要学会退一步，不在不能得到的欲望中挣扎。你能宽恕多少、能退多少，实际上，就是善待了自己多少。善待自己，其实，就是与自己和解。一个人，若能不跟自己较劲，处处放自己一马，就是置心灵于旷野，给心灵以自由。人只有给心灵松绑了，才能在逆境中找到出口，才能化逆境为优势。

有这样一个故事：

住在美国弗吉尼亚州的一个农夫，出资买下了一片农场，不久便发现自己吃亏上当了。原来，这是一块既不适合种植果树，又不适合放牧的贫瘠山坡地。它除了拥有用途不大的白杨树之外，就是漫山遍野令人望而生畏的响尾蛇。

在痛定思痛之后，农夫认识到："不应当把宝贵的时间都耗费在无聊的痛苦之中，不应当被木已成舟的损失击垮，而应当尽力把眼前的不利因素巧妙地转化为有利因素，并创造性地从损失中获得利润。"后来，农夫想出了一个很好的主意：把这块贫瘠山坡地价值充分利用起来，将其建设成为响尾蛇的生产基地。

于是，农夫有计划地捕捉、繁殖响尾蛇，从中提取蛇毒，运送到各大药厂去制药，还把响尾蛇的肉做成罐头，销往各地。由于他独到的眼光和不懈的努力，仅仅几年光景，生意越做越大，订货的客户络绎不绝，每年到他的农场来考察、参观的多达几万人次。他所在的村子，后来也改名为响尾蛇村。

工作上的成败得失就像变幻无常的生活，失败中隐藏着成功，黑暗中孕育着光亮，柔弱中孕育着刚强。只要学会善待逆境中的自己，不自我放弃、气馁、自惭形秽，那么就一定能化逆境为优势，其中人们可以掌握四个策略：

1. 对自己负责

美国有句谚语说："时间能治愈一切创伤。"可是有许多人经不起打击，遇上一次打击，就常常怨天尤人，这是不对的。工作中遇到逆境，必须要乐观地去应对，相信自己经过一番惊人的努力，会出现满意的结果。

2. 不要怕冒风险

人一生中遇到机会的时候，不同的人考虑的问题往往是不同的，但总的说来，敢于冒风险的人往往有大收获。美国某汽车公司总裁曾说过："在关键时刻明智的当机立断是优秀经理的标志，也是一切敢冒风险人的标志。"

3. 谋求良好的人际关系

人际关系是人生的网络，它影响我们的思想、情绪和行为，甚至一个泛泛之交的陌生人，对你的一生也可能有重大影响。在度过逆境后获得成功的人常常会告诉我们，他们在事业开始时曾得到朋友或导师的指引。

4. 肯定自己的价值

在一般情况下，身处逆境会伤害一个人的自尊心，从而使他更难应付逆境。日本心理学家在调查中发现：凡是能肯定自己价值的人，遇到困难时都不会觉得自己无能为力，反而更能影响事业的演变和寻求可以采取的途径。瑞典哲学家塞尼卡曾说："好的运气令人羡慕，而战胜厄运更令人惊叹。"

当遭遇逆境时，只要能善待自己，善于把握人生，我们就能化逆境为优势。要知道在逆境面前叹息、悲观和失望都是无济于事的，只要持积极乐观的态度正视它，在逆境中磨炼自己的意志，就能化逆境为优势，最终定能实现“柳暗花明又一村”。从古到今，一切杰出人物，没有一个是一帆风顺走向成功的，只有善于把握好逆境的人，才能在逆境中崛起。而战胜逆境的过程，也是锻炼人的意志的良机，它能使人日趋成熟起来。所以，逆境似阶梯，一步步踏过去，我们便走向了成熟，走向了坚强，从而走向成功与希望！

职业法则9：切勿成为心理上的奴隶

在工作中，团队成员要警惕不要成为心理上的奴隶。因为一旦成为“心理奴隶”，就会失去在工作中的主动性和积极性，这对团队成员来说将是致命的危害。

在团队中，有许多团队成员认为自己受到团队管理者或者其他团队成员的压榨和奴役，事实上并非如此，真正压榨和奴役他的不是团队管理者，也不是其他成员，而是他自己。这些团队成员整天抱怨，说自己像一个奴隶一样被人役使，从而内心渐渐产生了一种低人一等的心态，真正变成了一个奴隶。

不管是在工作中还是在生活中，我们每个人都应该培养高贵的人品，这样就能使自己超越奴隶的层次。在抱怨自己是他人的奴隶之前，先看看你是否是自己的奴隶。

反省自我，敢于正视自己的心灵，不要对自己放宽要求。你一定会发现，你的心里隐藏着很多猥琐的思想和欲望，以及不加思考就顺从的习惯或者行为，这些东西在你平时的行为中比比皆是。

改正这些缺点，不要再做自己的奴隶，这样就没有人能奴役你了。一旦战胜自我，你便能战胜所有的逆境，困难也就迎刃而解了。

努力摆脱自私与狭隘的思想，去追求无私和永恒的境界。摆脱自己是受害者的错觉，试着去深入了解自己的内心，你就会进一步认识到，伤害自己的其实就是你自己。

下面有这样一个故事：

不久前，杰克应邀前往一家大公司参加年会，并在会上发表演说。会中有一位名叫哈利的老人当场宣布退休，公司董事长首先站起来做了一次例行讲话，说了一些哈利先生对我们公司多么有价值、有贡献，以及现在他要退休，我们对他多么怀念的话。

庆祝大会结束后，哈利先生好像被人遗忘了一样，他用手背轻轻地触了杰克一下，对杰克说：“你是否能给我30分钟的时间？我有话要对你说，顺便发泄一下我心中的郁闷之气。”

杰克无法拒绝这样的请求，于是带着他来到自己下榻的旅馆套房，点了一些饮料和三明治。

“在公司待了那么多年，可谓是劳苦功高，今天晚上光荣退休，真是一个值得纪念的日子。”杰克打开话题，然而哈利先生却说道：“今天我并不快乐，我真是不知道该怎么说才好，这是我一生中最悲伤的夜晚。”

“为什么？”杰克问道。

“今晚我只是坐在那里面对我惨痛的一生而已。我感到自己一事无成，彻底失败了。”

“你准备做些什么？”杰克问道，“你现在才65岁而已。”

“还能做什么，我将要搬到老人村里去了，住在那里直到老死为止，我有一笔不小的退休金以及社会保险金，这些钱足够我养老了。”哈利先生很痛苦地说，“我希望这样的日子很快就来临。”

两人陷入了沉默，然后哈利先生从口袋中取出今晚才拿到的退休纪念表，说道：“我想把这件礼物丢掉，我不希望留下这些痛苦的记忆。”

渐渐地，哈利先生已经放松下来，他继续说道：

“今天晚上，当乔治（该公司的董事长）站起来致辞时，你可能无法想象我当时多么悲伤。乔治和我一起进入公司，但是他很上进，节节攀升，我却不然。我在公司领到的薪水最高不过7250美元，而乔治却是我的10倍，还不包括种种红利以及其他福利在内。每当我想起这件事，我总是认为乔治并没有比我聪明多少，他只是不怕吃苦，经得起磨炼，能完全投入工作，而我没有做到这一点。”

“公司内外有很多机会，我都可能获得晋升的，例如我在公司待了5年后，有一次公司要我到南方去掌管分公司，但是我自己因为感到无能为力而拒绝了，每次当这种绝好的机会到来时，我总是找一些借口来推托。现在，我退休了，一切都已经过去了，我什么也没有得到，真是往事不堪回首啊！”

在哈利的一生中，他一直游移不定，没有任何实际目标可言。他惧怕真正地面对生活，害怕挺身而出，承担责任，活着只是虚度年华。哈利先生像无数人一样，把自己判入终身的心理奴隶的牢笼之中。这种奴隶并不限于某一种类型的工作：在办公室中，在商店里，在农场上，以及每一个地方，我们随时都能发现这种奴隶的存在。

这些心灵的奴隶都是他们自己选择的，而不是被其他人强迫去当奴隶的。他们之所以会选择当奴隶，是因为他们不知道如何获得解脱，获得自由。

下面介绍几种“心理奴隶”的类型及其应对策略：

1.“注定失败”的奴隶

这种类型的“心理奴隶”缺乏自我意识，认为自己很渺小，无法真正看清自己。他们经常抱怨“我没有好机会”、“我将会失败”、“周围的人都在跟我作对”、“领导没有看重我”……其实，思考本身就能左右事情发展，当一个人想要怎样时，他就真会变成那样。

应对策略：

(1) 经常使用良好的、积极的、建设性的语汇暗示自己，就会增强自信心。平时尽量从“为什么能做到”方面着想，而不应围绕“为什么无法做到”打转。

(2) 脑子里经常想着“我将要成功”、“我是一位胜利者”，这会增强必胜的信念，并努力寻找各种“有助于成功”的方法。

2.“别人怎么想”的奴隶

这种“心理奴隶”最普通，对创造力和人格最具有破坏性，多见于心理不成熟的人。“我多说话，别人就会认为我爱出风头”、“我做那件事，别人会嘲笑我”，这种“别人”式的想法使之成为“别人”思维的奴隶。大部分这种“心理奴隶”还会去倾听不够资格的人的忠告，这会严重影响他们的创造力。

应对策略：

(1) 如果你在模仿他人之后能感觉到快乐，不妨尽力去模仿。否则，你就应该按自己的方式去生活。

(2) 理智地面对别人的另眼相看、批评指责，因为职位越高，被人当作闲谈对象的机会也越多，被批评的机会也越多。

(3) 与敢作敢为、乐于助人、志同道合的人做朋友。

3.“过去错误”的奴隶

心灵被过去的失败创伤所控制，害怕任何新的尝试是其主要特征，一朝被蛇咬，十年怕井绳。他们因失败而灰心丧气，不懂得从失败中总结经验教训。“过去错误”的奴隶会损害人的探索能力，让人裹足不前。

应对策略：

(1) 将失败看成一种投资，就不觉得是损失了。有人说爱迪生为了造出第一个实用的电灯泡失败了9999次，但他本人则认为自己发现了9999种无法适用的方法。

(2) 如果能及时觉察出错误，那根本就不能算是错误。

4.“为时太晚”的奴隶

这种“心理奴隶”通常认为在某一年龄阶段时就应当做某事情。比如有的认为自己错过了一个很好的机会，现在进退维谷、骑虎难下，只得听天由命。

应对策略：

(1) 不要理会年龄的限制，并从生活中寻找鲜活的榜样。

(2) 不能苟且偷安。要有计划、有步骤地向着自己的理想努力。

5.“安全感”的奴隶

许多人宁愿吃“大锅饭”也不愿改革，这就是典型的“安全感”奴隶。缺乏想象能力是“安全感”奴隶共同的心理特征。其实风险是客观存在的，人类生存、发展，就是一个不断奋斗、不断消除不安全感的过程。

应对策略：

(1) 使生活变得丰富多彩、有声有色。

(2) 因为有风险才会有攀登，有困难才会有突破，有压力才会有奋起，有风浪才会有搏击。因此要学会面对种种困难和罕见、未知的事物。

很多时候，我们都是有私心的，对于简单易行的事情都愿意去做，而且效果很好，对于要花费很多的气力也未必能做好的事，就会退缩，就会找借口，这些都是我们心理上的问题，我们做了自己心理上的奴隶。不肯付出，害怕失败是我们被奴役的最重要的原因。所以我们发现，有成就的人就敢于冒险，敢于接受挑战，而平庸的人则害怕挑战，害怕失败。这是两种截然不同的做事的态度，正因如此，才会有不同的人生。

第二章　不想被淘汰，就要学会适应

团队要适应来自各方面的变化，这是毋庸置疑的。如果承受不住自然就会被淘汰，进而被其他团队所取代。想来这是任何一个团队不希望看到的，既然如此，那就要学会适应各种变化。让团队中的每个人学会适应，学会承受，这样才能从整体上提高团队的承受力。

职业法则 10：与其让环境适应你，不如你来适应环境

在团队内，随着任务的变化，其工作环境也会改变，从而衍生出其团队成员必须要有良好的环境适应能力。如果想要环境适应你，这不现实，因为团队任务是不等人的，所以不如主动来适应环境。

如果仔细观察，会发现团队的某些成员并不是能够很好地适应环境变化。经常因为不如意的环境，而萌发出内心的不满。这时，心里就产生了不平衡，脾气也变得暴躁，生活质量下降，工作的激情也受到了影响，工作的质量则更是每况愈下。这么一来，自然影响团队其他成员。

其实，大多数时候并不是环境本身的错，而是自身的认识问题。倒不如少埋怨环境，多改变自己。

很多时候，我们没有办法选择自己生存的环境。但用心去“改变自己”，却是容易做到的。不断地改变心态，可以将恶劣的环境，变成对自己有利的环境。

有这样一则寓言故事：

山坡上有一块巨大的岩石，岩石缝中生长着一大一小两棵松树。小松树叹了一口气，对旁边的大松树说："你看，前面那些生长在泥土中的松树，他们可以尽情地汲取泥土中的水分和营养，生活得舒舒服服。我和你的根扎在这狭窄的岩石缝隙中，很少有水分和营养，生活格外艰难。我和你真倒霉，命苦啊！"

大松树对小松树说："我们的生存条件确实很差，无法和那些生长在泥土中的松树相比。命运很不公平，但这是没有办法的事啊！"

小松树愤愤不平地说："当初不知是风把松子吹进岩石缝隙的，还是谁把松子丢在缝隙中的？在这该死的岩石缝隙中生活，真是度日如年啊！"

大松树说："说这些话毫无意义，既然我们长在这里了，就应该有一个好的心态，快快乐乐地生活吧！"

小松树说："如果有一天，这块巨大的岩石突然变成一堆松软的泥土，我们就可以生活得舒舒服服了。"

大松树对小松树说："我给你一个忠告，不要老是埋怨命运，每天埋怨一千次也毫无用处。不要总希望让环境来适应你，那只是美好的梦想。要以积极的态度面对残酷的现实，用自己的改变来适应环境，这才是最重要的。"

当没有能力去改变环境的时候，尤其是环境不利于我们的时候，改变自己是也是一种智慧。就像下面这棵小草一样"识时务为俊杰"。

一阵狂风把一棵大树连根拔起，大树看到旁边小草安然无恙，就问："为什么这么粗壮的我都被风刮断了，而这么纤细的你却什么事也没有呢？"

小草回答："我知道自己软弱无力，就低下头给风让路，避免了狂风的冲击；而你拼命抵抗，结果被狂风刮断了。"

现实团队工作中，每个人都应像小草一样，尽管柔弱，但有智慧。狂风卷来时，没有拼命与之对抗，而是伏下身子，低头弯腰，化险为夷。更重要的是，这是在为自己积蓄力量，等到机会到来时，再全力冲刺。这并不是向困难"低头"，而是为了更好地"昂头"。如果如同下面故事中的乌鸦一样，遇到不如意就采取回避的态度，那才是真正的"低头"。

乌鸦急促而忙碌地在搬家。鸽子疑惑不解地问："这树林不是你的老家吗？你干吗还要再迁徙搬家呢？"乌鸦叹着气说："在这个树林里，我实在住不下去了，这里的人都讨厌我的叫声。"

鸽子带着同情的口气说："你唱歌的声音实在聒噪令人不敢恭维，所以大家都把你当作讨厌的人物。其实，你只要把声音改变一下，或者闭上嘴巴不要唱歌，在这林子里，你还是可以住下来的。如果你不改变自己的叫声，即使搬到另外一个地方，那里的人还是照样不会喜欢你。"

唯有改变自己，才是解决问题的关键。

曾有这样一个人，在他没有应聘工作之前，他非常努力，穿最好看的衣服来应聘。最后，他过五关斩六将终于进入了这家公司，然而，他千辛万苦得到工作之后，不到一年，他就决定要辞职，原因是他不喜欢这份工作，认为这份工作没有他的发挥之处；他不喜欢这家公司，说公司没有活力。

当他决定要辞职时，他找到一个朋友说："你要不要跟我一起辞职？我看你干得也不是很开心。"那个人说"好"，两个约好一块辞职。但这个人又说："这样吧，我们好聚好散，来的时候表现不错，走的时候我们也应该给所有的同事、客户一个好的影响，我们在最后一天好好表现，做最后一件事情。"那位朋友说："好吧，我们给自己，也给对方最后一个机会。"

第二天早上，他们8点准时来到公司，煮咖啡，泡茶，把公司搞得干干净净，他们对所有上门的客户态度都非常热情，以最有爱心的方法去款待他们。然后，他们对所有的同事们都说："嘿！您好！早上好！"大家都感觉到他们两位的真诚态度，他们工作了一天，到了下午快下班时，那位朋友说："我们是不是应该辞职了？"这个人说："开什么玩笑，这么好的工作，这么好的一个服务单位，我忍心辞职吗？"最后，当这个人说不辞职的时候，另外一个人也决定留下来！

有时，我们虽然改变不了环境，但可以改变自己。这句话已经成了无数成功人士恪守的生存法则。人生在世，很多事情都是我们无法改变的，一个人的人生道路往往不是主观所能决定的。在许多情况下，我们不可能改变残酷的现实，唯一可行的选择是改变自己。

改变自己是一种更好为人处世的方法。当工作的境遇不能改变时，我们要学会改变自己。很多人觉得自己的人际关系不好，与其他团队成员之间的关系紧张，总认为是别人不好，自己全都是对的，总想改变对方。事实上，这不大可能，因为对方也想让你改变，所以双方都没有改变。最好的方法是在改变对方之前先改变自己。当我们在为工作或境遇烦恼苦闷到了极点时，要学会敞开一扇心灵之窗，换个角度看待生活、看待事物，不能因为一时处于恶劣的环境中就自暴自弃、止步不前。要知道，环境不是为你我而造的，我们应该学会适应它。与其抱怨社会环境不好，不如换个心态，每一次危机就是一种转机，每一次变化就意味着机会。

实际工作中，有不少团队成员总是认为自己的团队不好，是团队的环境和落后的管理使得自己“英雄无用武之地”，他们妄想如果自己是在一个一流的团队，就能充分地发挥自己的才能，并且得到团队的器重。事实上，他们在怀疑和妄想之中已经走进了一个可怕的陷阱：天天懒懒散散、无精打采，工作起来马马虎虎、不负责任。不到万不得已之时，他们绝不多做一件事情，并且时时想着伺机跳槽。试想一下，以这样的心态又怎么能够得到团队管理者的欣赏与认可呢？

假如换个角度，从积极的方面去思考这种现状，你会发现，世界上任何一个顶尖的团队也都经历了一个从小到大、逐步规范和完善的过程。正是因为团队目前的管理现状还有待于改进，才让自己拥有了施展才华的良机。如果你能为团队的规范、发展和壮大立下汗马功劳，你还用担心得不到团队管理者的认可与器重吗？

这就告诉人们，先改变自己的思维方式，改变自己看问题的角度，才能改变自己的行为模式，以适应目前所处的环境，让生命在有限的时空中得以延续。就好比一块石头，有棱有角，从山坡滚下去势必头破血流，但如果是圆滑的鹅卵石，就会是件非常顺利与轻松的事。

同时，能够积极地改变自己也是件非常快乐的事情。一个很自我的人很难得到周围所有人的认同，当一个人太在乎环境是否能符合自己的要求，能否给自己带来满足时，生活本身就失去了很多的乐趣，环境本身是不完美的，如果你非要以理想中的完美去衡量环境，非要等到完全合乎标准再去融入环境的话，那也只有自己才能适应自己，永远都走不出自己的小环境。

也许有些人会认为原则是永远不可以放弃的，但是改变自己并不是要放弃自己的原则，而是让自己有更好的平台、更多的机会来实现自己的理想。改变自己不是妥协，是一种以退为进的明智选择。就好比要到达一个目标，多数情况下，直接走是行不通的，得绕个弯子迂回一下。

改变自己，不要以为所有的适应都是随波逐流；改变自己，不要以为所有的适应都是世故与圆滑。达尔文说过：“适者生存。”我们所有的改变都是为了以后自身有更好的发展。

职业法则11：巧妙应对工作变动

团队工作中，团队成员应牢记：不管自己的工作职责突然变动是出于何种原因，都需要保持积极的态度，巧妙应对工作变动。

团队工作中，难免会发生一些突发的工作变动。那么，如果你的工作职责不期然间发生重大变动，你会怎么做呢？你没有被晋升或是降职，只是突然被期望去完成与自己工作完全无关的任务。你该怎么办呢？

是彷徨无措，是消极等待，还是积极面对？每位团队成员都要知道一个道理，那就是改变的最大敌人，是面对不可知未来的恐惧心态，其实不论什么行动都有可以估计的危险，面对新的挑战，只要抓住这些可以掌握的变数，就能将负面结果降到最低，把心思专注在改变和创造的过程中，减少裹足不前的恐惧感，便可以在行动中找到创新的刺激和成就感，结果也往往会是出人意料之外的成功。

那么，在具体工作变动中，团队成员该怎样巧妙应对呢？下面有几条建议：

1. 与上级沟通，并尽可能直接

在工作中，一旦发生重大的工作职责变动，有人就会表现得畏首畏尾，想要求证又不敢。专家建议，与其在内心里猜想，倒不如直接与上级沟通询问。如，“你的工作角色为什么发生变化”、“你如何做才能继续为团队创造价值”等问题，这些问题都可以直截了当地与上级沟通，因为只有搞清楚这种变化是基于你的工作表现还是团队战略变化，才能更好地进行下一步工作计划。不过，这里有一点特别注意，那就是在沟通中一定要尽可能地诚恳以及保持专业风范。

其实，有时候工作职责的突然变动并不总是意味着坏事，它可能还意味着团队管理者对你的能力的肯定，并希望在条件允许时对你作出正式的奖励。

2. 利用这个机会学习和提高

如果变动是基于你的工作表现，那么，你要找机会去改善自己的不足之处。向职业生涯教练或导师求教，让他们帮助你重回正轨。如果变动是源于企业战略的变化，你要更多地了解企业新的方向是什么，并想方设法获得技能，继续成为企业一名有价值的贡献者。如果每位团队成员都能够把工作变动当成一种经历，当成一次学习的机会，那么，你就可以了解到关于自己的宝贵信息。

3. 要求升职或加薪之外的其他奖励

如果你在没有得到提拔或晋升的情况下增加了额外的工作职责，你可以向团队管理者要求获得一些特殊待遇。那也许是额外的休假天数、延长的午餐时间，或是每周在家远程办公一次的福利。

工作中，每位团队成员还应确保对眼前状况保持敏感，提出要求的时机要适宜，否则就是事倍功半。如果团队正在裁员，你的同事正在失去工作，那就不是要求获得加薪的好时机，即使你的工作职责增加了。最好的做法是记录下你完成的额外工作，当最初的危机已经结束，再跟团队管理者谈谈公平补偿的事情。

4. 不要抱怨

无论如何不要抱怨眼前的状况或是表露出消极的态度。试着用长远的眼光来看待这个问题，因为不管它有多么困难，对你的职业生涯造成多么重大的影响，放到你的整个职业生涯中都必然是昙花一现。

人很容易发出抱怨，但面临这种状况的可能不只是你一个。不用你再加把劲，团队里的士气大概已经足够低了。你的团队管理者可能同样对自己眼前的状况感到不高兴，因此抱怨只会让事情变得更加糟糕。此时，抱怨对你是没有任何用处的，与其抱怨倒不如适应现在的工作，并努力地做好。

5. 保持一种积极的态度

其实，在工作变动中，每个人最重要的就是要对工作变动保持积极的态度。如果你是积极的，你就能够更加富有创造力，进而取得成功。

6. 时刻提醒自己，事物总是在变化的

要知道，这世界唯一不变的就是变化。每位团队成员都应有这种心理准备。工作中要时刻提醒自己这一点。在面对变化时，我们唯一可以控制的就是自己的态度以及自己应对状况的方式。常言道，痛苦的时日不会长久，但坚强的人会一直坚强。

7. 与其他团队成员交流

遇到突发的工作变动时，不论是谁都会有心理波动，这时不妨向一位你信任的朋友或其他同事征询意见。俗话说“三个臭皮匠胜过诸葛亮”，集思广益也是一种应对方法。向你的上级发牢骚是一回事，但如果你的同事也在经历相同的事情时，能够跟和你感同身受的人进行交流是非常不错的。你们能够作为一个团队渡过难关，但切记不要说长道短或是讲一些可能会适得其反的话。

8. 计算时间长短

如果团队正在经历艰难时期，你在没有额外津贴或升职的情况下要做两个人的工作，而且这种状况看上去要持续很长时间，那么你可以需要考虑换一份工作。即使你喜欢自己的工作和团队，但在没有回报的情况下应对额外工作职责带来的压力，可能让日常工作成为真正的煎熬，如果一份新工作能够给你注入新的活力，为什么要忍受这一切呢？

9. 接受必要的培训

在发生工作变动时，如果觉得自己不能完全胜任，那么就要及时地进行培训和学习，以补充和完善自己的能力。如果时机适宜的话，可以向团队管理者提出培训要求，如果他们不答应，而你又想做好这份工作，最明智的做法是自主进行。

10. 与团队管理者分享你的想法

与团队管理者分享你的想法，可以让团队管理者知道你是带着活力和积极能量去主动承担新的工作角色的，可以让你在团队管理者的心中留下好的印象，这对你以后的工作将大有裨益。

如果工作量可控而你又能够从额外的工作任务中获得公平的补偿，那么工作职责的明显增加有可能是一件好事。工作职责的减少不应该总是被看成是负面的，尤其当你幸免于团队裁员的时候。

有时候，工作职责减少可能是因为团队正在努力把重心放到一种不同的产品或服务上去，在这种情况下，最佳策略乃是将工作职责减少看成是重新调整自己以及在新领域培养新技能的一次机会。对于工作的变动不应大惊小怪，也不要过于漠视，掌握其中的度，巧妙地应对才是真正的道理。

职业法则 12：提高工作适应力

适应能力是做好工作的基础，能够根据工作变化而迅速改变自己的观念，这需要在工作中不断提高工作适应力才能真正地做到。

团队想要发展，就需要储备人才。这些储备人才初到团队当中，肯定会有心理变化，会出现无法适应团队的现象。因此，对于初入团队的新进储备人才来说，具备较强的承受压力的能力，显得尤为重要。而为了练就承受压力、适应职场的能力，首先必须调整好心态。其中包括几点：

1. 谦虚和妥协的心态

在团队中，新进储备人才需要尽快学会与人合作、沟通；但也不宜太张扬，以免引起其他团队成员的反感。同时，新进储备人才对团队管理者应尊重、磨合，对其他团队成员多支持、学习，不管你认为团队管理和其他团队成员有多少缺点。对于刚到团队的新人来说，不如谦虚一点，不要急功近利，多了解团队的文化和管理风格，多观察和学习，少说多干，做到谦虚、忍耐、妥协，虚心请教团队管理者和其他团队成员，提高自己的能力，以谋求更好的发展。

初入团队的新进人员，只有学会改变自己的心态，才能提高职场适应能力；同时，只有保持积极的心态，明确努力的目标，采取积极主动的行动，才能造就职业辉煌。

2. 乐观的心态

有这样一个故事：

古代有一个皇帝做了一个奇怪的梦，醒来对妃子说："我梦见江河的水都干枯了，山也平塌了，这作何解？"她的妃子说："不好了，古语说，皇权、天下是舟，百姓是水，水能载舟，亦能覆舟，说的正是皇权与百姓的关系。水干了，船如何行得？山，象征江山与皇权，山都平了，是否皇权将危？"

于是，皇上整天苦思冥想，到底问题出在哪？是否有人要反叛、夺权？皇帝对此忧心忡忡，最后一病不起。一位大臣来晋见皇上，叩问：“皇上缘何如此憔悴？”皇上告知大臣自己的担心，只见这位大臣连连道喜：“恭喜陛下，此梦乃大吉之梦也。所谓山平了，正合‘天下太平’之意，江河水干了，真龙就要现身啦，您可是真龙天子啊？”皇帝一听，觉得大臣讲得更有道理，顿时精神焕发，病很快就痊愈了，后来专心治理朝政，国家日渐富强。

同一件事，用悲观、乐观的心态去看待，结果截然相反。新进储备人才一般从事基层工作，与他们的期望和理想可能会有很大的落差，他们认为自己整天都在打杂，碌碌无为，而且谁都可以支使他们，觉得在团队受到了不公平待遇。新进人员应谨记，当团队不再派给你很多工作时，当你的担子越来越轻的时候，这是一个危险的信号，因为“忙”是好事情，当你不忙的时候，团队或部门裁员时首先想到的可能就是你。

3. 平凡工作中的激情，压力下的崛起

下面有一个故事：

吴士宏是如何成功的？在IBM工作的最早日子里，吴士宏扮演的是一个微不足道的角色，沏茶倒水，打扫卫生，完全是脑袋以下肢体的劳作。她曾感到非常自卑，连触摸心目中的高科技象征的传真机都是一种奢望，但是，她对自己说：有朝一日，我要有能力去管理公司里的任何人，无论是外国人还是香港人。

通过不懈地努力，一年后吴士宏获培训机会进入销售部门，因业绩突出不断晋升，从销售员直至IBM华南分公司总经理，

1997年任IBM中国销售渠道总经理，1998年出任微软（中国）公司的总经理。她在微软的上司说：“她和微软公司那种生生不息的创新拼搏精神，承受压力的能力以及勇于迎接挑战的个性有某种深层的契合。”1999年因个人原因辞职，在IT业引起震动。1999年10月出任大型国有企业TCL集团常务董事、副总裁、TCL信息产业集团公司总裁，被称为“打工女皇”。

吴士宏的故事告诉我们，工作无大事、小事之分，都是你的职责所在，吴士宏在平凡的工作中，力求高效、完美，体现服务和奉献精神，才使得她在IBM公司脱颖而出。吴士宏的精神，曾激励了许许多多的职场中人，给我们以启发：职场中人应努力练就正确的心态，培养承受压力的能力。

谈到压力，世界500强企业富士康公司总裁郭台铭有一句名言：“当你感到有压力的时候，说明你的能力不够。”对待压力最好的办法就是尽快熟悉业务，在工作中摸索窍门，积累经验，积极为职位提升和下一份工作做准备，在平凡、枯燥的工作中，寻找乐趣，努力创新，练就应该具备的职业技能、核心竞争力，不断学习、提升自我。如果团队中人在平凡工作中激情不减，表现突出；在压力下不屈不挠，努力工作，必将披荆斩棘，勇往直前。

4. 理性面对工作初期的枯燥、乏味

当你没有对工作产生兴趣的时候，也许你会感觉枯燥和乏味，就会心生不满，从而懈怠工作。这是最不可取的工作做法。每个人都应理性地面对工作初期的枯燥和乏味，否则就会自己后悔不迭的时候，就像下面这位同学一样。

有一位同学毕业后，来到一家企业工作不久，觉得与自己理想中的企业相差太远。比如，每天下班前要将当天的工作小结输入电脑，每天早上有一个早会布置工作等，约束太多，规矩太多，觉得难以适应，于是常发牢骚，工作积极性也不高，

还没等到她对企业真正有所认识，就被炒了鱿鱼。可是，当她再次在求职大军中奔波，没找到更好的工作时，她心中开始感到有些后悔。

很多新人在进入团队后，用自己的眼光看待团队，对团队现状不满，接受不了团队的“规矩”，没有耐心去适应团队。其实，该案例中的早会和每天小结的制度，对刚进入工作岗位的信任来说是学习知识和技能的机会，这会帮助其尽快适应团队。同时，每个团队都有优势和劣势，最重要的是学会适应新的环境，快速融入团队，在和团队相互深入了解后，才能找到自己合适的位置。

5. 工作目标要专一

新进储备人才进入团队后，所面临的是纷纷繁繁的工作，如果没有追求的目标，不知道自己要干什么，朝秦暮楚，用心不专，只能无意义地耗费宝贵的时间和精力。所以步入新的工作环境，应当尽快选定目标，努力地去适应。适应是需要时间和经验的，只有专执于某项目标活动，才能渐渐体味其中的甘苦，慢慢总结出游刃于其中的技巧；才能与该团队中的成员相交，彼此相知，融洽相处。

6. 学会动态的适应

任何事情都不能期望一劳永逸，稳固不动，应对发展和变化要有足够的心理准备，对新兴进步的事物要持开放、接纳和不断

吸收的态度，这就是有所不定。与此同时，积极的适应发展变化的职业工作环境，必须要有一定的知识技能做准备。掌握基础技能知识、基本技能、普遍规律和一般理论，是十分必要的，随着知识内容、知识结构的不断更新，要不断学习和掌握新知识、新技能，要锻炼出一种动态的科学的思维方式和判断问题的能力。

7. 认清环境，提升自我适应能力

每个人的适应能力是不同的，产生差异的原因主要有两个方面：一方面是先天的因素，比如女性由于生理原因，对于某些环境的适应能力会差一些；另一方面是后天的因素，也就是说，只要通过各种方法对适应能力加以培养和提高，如参加实践活动，经常变化生活中的某些因素，就可使自己的适应能力得以提高。因为在这些活动中，必然会遇到各种各样的问题和困难，就会促使自己去努力解决问题和克服困难，从而培养和增强适应能力。

适应力是一种经验的学习与累积，如果能随时保持自我改变的观念，能够在自我转型的过程中变化，就可以在困难和磨炼中成长，提高适应能力。

在进入一家新的团队的时候，需要把握以下几方面以适应新环境：

（1）团队所在地的地理环境。有些人对新团队的地理环境不太适应，比如，原来是南方人，突然到北方去工作，可能就很难适应新环境。

（2）团队的文化环境。每一个团队都有自己的团队文化，团队文化是团队发展的灵魂。如果你的观点与团队文化相冲突时，就很难适应环境。事实上，许多人之所以难以适应新的团队，就是因为对团队文化无法认同。认同团队文化是相当重要的，因此在应聘之前，最好先了解一下该团队的团队文化，这对你更好地适应团队环境有很大的帮助。

(3) 团队内的人际关系。在面对一个新的工作环境时，你可能不得不面对完全陌生的人际关系，这时人际关系能力的好坏就显得相当重要了。能否尽快地与新的成员、新管理者建立良好的人际关系，对于你尽快适应环境具有非常重要的意义。

(4) 严格要求自己。不管以前你取得了怎样的成绩，从进入新的团队开始，都必须把自己归零，重新站在起跑线上，以团队对员工的要求严格要求自己，全力以赴地工作，积极创新，敬业、忠诚、负责，这样才会表现出非凡的环境适应力。

(5) 正确看待问题。如果感觉自己很难适应环境，也不要产生沮丧的情绪，找出问题的真正原因并加以解决比埋怨自己更有用。当外界的环境很难被自己接受时，要在内心深处给自己一个宽松的环境，要允许自己有一个适应的过程，多欣赏自己做得好的一面，这样适应环境的时候就会轻松得多。另外，在工作中遇到困难与挑战是不可避免的，失败也是难免的。在面对挫折与失败时，重要的不是埋怨自己，而是在失败的逆境中仍保持自信与乐观的态度，在困难的环境中寻求突破，笑迎未来。

(6) 学习容忍事物的不确定性。在生活和工作当中，存在着许多不确定的事物。不确定性表示一件事情可能发生，也可能不发生，这里存在着一定的风险。没有人喜欢不确定性，每一个人都习惯在黑白分明的二维世界里生存，但是，不确定性是客观存在的。正因为如此，在工作中就要学会容忍这种不确定性，学习在不确定的状态中工作，逐步提高自己的适应力。

8. 要脚踏实地、安心适应单调乏味的工作

谁也不可能一口气吃成个胖子，同样一个人的目标也并非朝

夕就能够实现，通往团队和个人的目标要行走很长很长的路才行。在日常的工作中千万不要烦弃那些烦琐、乏味的例行事务，要知道这是通往自己团队目标进程中的铺路石和基础，要学会以良好的、积极的心态去面对，勇于承担低等的或枯燥乏味的工作，这样才能够对自己感兴趣而又富于创造性和挑战性的工作打好基础，从而能够更快地适应较高级的工作。

综上所述，这些提高工作适应力的方法不仅适用于初入团队的新进人员，同样也适用于资深团队成员。只要找到属于自己的方法，就能更好地适应团队工作的变化，更好为团队工作。

职业法则13：接受无法改变的事实

团队中没有绝对的完美，也没有永远不变的工作，这就是事实。既然无法改变既定事实，那么只能学会接受。

每位团队成员想要自己工作得开心，就要学会接受那些无法改变的现实。只有接受下来，才能再作打算。要知道，接受无法改变的事情，也是一种适应能力。如果没有这种能力，如何能够做到坦然接受现实呢？

下面有这样一个故事：

有一个樵夫到山上砍柴，由于不慎而跌下山崖，在即将被摔得粉碎的情况下，情急之中他拉住了半山腰上一根横出的树干，幸好这根树干比较结实，樵夫并没有掉下山崖，而是被吊在半空中，命暂时是保住了。但是新的问题又来了：悬崖光秃秃的，并没有可以抓手的地方，况且还很高，人根本就爬不上去，而下面就是崖谷，跳下去似乎也不是那么合适。

无奈的樵夫只好在那里等待救援，可谁又知道他被吊在半空了呢？正在不知如何是好的时候，恰巧有一老僧路过，他给了樵夫一个指点，说："放手！"

"放，那我不就掉下去了吗？"

既然不能上，那么唯一活命的途径已经被证实是不可能的了。如果一天这么吊着也肯定只能等死，那唯一的办法就只有往下跳了——虽然不一定活，但也不一定死，说不定还可以顺着山势来缓和一点掉下去的冲力。或者在掉下去的半途中能够有另一棵树挡你一下，那么就可以再减掉一次冲力，生还的机会还是很大。也许还可以抓到石头，也许没有，也许可能真的会死，但还有一个很大的可能，就是也许不会死。

实际工作中，有很多团队成员就犹如这个可怜的樵夫所遇到的情况一样，进也不是，退也不是，争取也不是，放弃也不是。犹如鸡肋，食之无味，弃之可惜。这个时候与其夹在中间难受，倒不如放弃支撑的精力，痛痛快快地放手，将全部精力付诸一搏。毕竟事实已经证明根本就爬不上悬崖了，而跌下去也许会死，但也许还有生还的可能，即便是搏个万分之一的希望，总比在这里等死要好。

相反，在那里想着怎么样才能改变这种现实，或者是心有不甘而想着要如何才能回到过去，这其实是一种很愚蠢的做法，这样既不能如你所愿真的回到过去，又会浪费你宝贵的时间，与其这样，还不如接受这个失败的现实，积蓄力量，等待时机，东山再起。

这在心理上需要一定的承受能力，或者说是一个人需要一定的心理素质才能做到很坦然地接受现实。也正是因为如此，那些心理素质好的人更容易成功，而这种素质里面包含了两种智慧。

首先是一种理解放弃的智慧。

放弃在很多时候都有一定的优势，因为大家都知道世界上的所有东西并不是我们想要得到就能得到的。即便是煮熟了的鸭子都有可能失去，就更不用说是其他的了。

这就是一种放弃的智慧。人生中要经历无数次的选择与放弃，不懂得适时地放弃就不会看到人生更美的风景。

另外还有一个智慧就是要懂得不要一味追求完美。

在荷兰的阿姆斯特丹，有一座建筑于15世纪的古老寺院。在寺院中央的一棵大槐树下有一块石碑，碑上刻着："既已成为事实，只能如此。"接受无法抗拒的事实，唯有如此才能克服工作中所遇到的各种困难。就像一场大火烧光了爱迪生的所有设备和成果，但他却说："大火把我们的错误全部都烧光了，现在我们可以重新开始了。"既然如此了，倒不如早些适应这种变化，也许能够更快地找到新的发现和进展。

对于团队成员来说，我们经常受限于各种框架，团队成员要做的就是坦然接受，而不是辗转反侧，犹豫不决。

职业法则14：融入环境，左右逢源

左右逢源，有助于团队成员维护好团队的人际关系；与团队环境融为一体，有助于在团队中顺利地开展工作，有助于整个团队事业的顺利完成。

好的人际关系就像工作中的润滑剂，如果缺少润滑剂，人们就很难克服工作中的种种障碍，严重时还可能被这些障碍摧垮。相反，如果有了这一润滑剂的润滑和疏导，人们在面临困难时就会得到他人的支持和帮助，克服种种困难，取得成功。

那么怎样才能维护好团队的人际关系呢?

1. 成功后也不要太过张狂

如果你是一个聪明的人，那么最好对自己的成就轻描淡写，你必须学会谦虚，不要太过张狂，免得让其他的团队成员对你产生爱表现、哗众取宠的印象，从而疏远你。

有这样一个案例：

奇正公司销售部的员工虽然很能干，但销售部的总体业绩一直不理想。好几个人曾试图使这个部门走上正轨，但都以失败而告终。后来刘兵担任了该部门的经理，在刘兵的管理下，奇迹出现了，不管他做什么都会马上产生影响，员工的热忱和活力被充分地激发，销售部变得极有效率。

刘兵在接管销售部几个月后，在一家餐厅遇到一位女同事。同事说："你们部门真是蒸蒸日上，看你们这一季度已经完成那么高的销售额，真让人难以置信！"刘兵在女同事的奉承下变得飘飘然起来："是啊，在我接管以前，这家公司从来没有一个真正的销售部。"

刘兵的话在公司内迅速传开，没多长时间销售部员工都知道了。短短几天内，销售部就失去了往日的激情。随后，销售业绩直线下降。几个月后，刘兵被调到其他部门。他虽然曾竭尽全力地挽回颓势，但下属员工再也不像以前那样支持他。

2. 闲聊要适可而止

办公之余，团队成员在一起闲聊是一件很正常的事情。不过应注意对有些问题，特别是私人问题不宜追根问底，让对方有隐私被曝光在聚光灯下的担心，否则会导致闲聊时间缩短。这样不但扫了大家的兴，也会让喜欢神侃的团队成员难堪，相信以后再聊的时候，其他的团队成员都会有意无意地避开你了。因此，建议每位团队成员在闲聊时，不求事事明白，问话适可而止，这样其他的团队成员才会乐意接纳你。

3. 尽快融入团队成员的共同爱好之中

俗话说"物以类聚，人以群分"，只有共同的爱好、兴趣才能让人走到一起。

有这样一个事例：

朱晓民所在的单位大部分同事都是男性，中午吃饭后的短暂休息时间，同事们往往会聚集在一起谈天说地，可惜朱晓民总感觉插不上嘴，起初的一段日子只能在旁边倾听。男同事们喜欢谈论的话题无非是体育、股票，即使他们不懂时装的流行趋势，也不妨碍他们与女同事的交流。而要想和这些男同事搞好同事关系，就首先得强迫自己去接受他们的一些兴趣爱好。于是朱晓民开始每天都有意识地关注体育方面的消息和新闻，遇到合适的机会甚至还和男同事们一起去看球。

现在有了共同的话题后，朱晓民和男同事相处容易多了，每次和他们闲聊时，也会将自己在工作中的一些感受和困惑拿出来跟他们进行交流。

4. 与其他团队成员交往不要带着自我的感情色彩

带着自我的感情色彩与人交往，是许多刚刚加入团队的年轻人常犯的毛病之一，也是促使他们虽身处身边围满了同事的办公室环境内，却像是身在无人的荒岛中一样的原因所在。如果年轻人想从这种困境中走出来，就必须彻底地改掉这种为人处世的态度，而不要像下面的周琛一样。

刚刚走上工作岗位的周琛，进公司没多久就跟一位同事成了好朋友。那位同事姓程，自从周琛跟他认识并且闲聊了几句后，他便在周琛的心中留下了深刻的印象。他是一个可交的人，周琛心中这样认为。从此之后，周琛就几乎天天都跟这位姓程的同事在一起，早上几乎是同时走进办公室，下班时又是一块儿出门。他跟周琛的关系确实不错，就像是对亲兄弟。可是，周琛对其他同事的态度就截然不同了。对一般的同事还好，在表面上还能过得去，而对那些他觉得不舒服的人则十分的冷淡，爱答不理的。

一天、两天过去，在短时间内周琛倒是没有察觉到有什么异样，而时间一长，他就感到有些细微的变化了。他发觉有些同事看他的眼光有些奇怪。在开始的时候，他只是觉得奇怪，并没过多地想什么。直到有一天，他因为处理手头的工作遇到些难题不能处理，想要找姓程的同事帮忙，恰好姓程的同事不在，他向另外一位同事寻求帮助的时候，那位同事笑着拒绝了他，说他也弄不明白，让周琛问问其他的同事。

周琛接着又去向其他的几位同事求助，那些同事所说的话都一样，都说自己也弄不明白，让周琛去问其他的人。这么说吧，周琛整整问了一圈，都没有人帮助他。周琛内心更觉得不平了，并且对自己说：亏得自己没跟他们深交，否则的话……

周琛所遇到的那个问题没有得到解决，当姓程的同事回来后，姓程的同事同样没能帮助他解决这一问题，因为姓程的同事确实没有办法。

也就是在这一天，周琛在上洗手间时，偶然听到好像有人在低声地说着些什么，并且好像是在议论他的。他不由得停了下来，仔细听了听，他听到的是这样的话：

“跟你们说句实话吧！他问的那些我知道，我知道，就是不说，我就瞧不惯他那样子。”

“你怎么跟我一样！”

……

那些话就像是一根根刺刺中了周琛。他站在那儿傻傻地半天没有回过神。

5. 不随意泄露个人隐私

隐私，就是不愿让其他人知道的事情。如果有团队成员能将自己的隐私告诉你，说明他对你已有一定的信任，你们之间的友谊肯定不一般，否则他不会将自己的私密向你说出。但是他告诉你之后，如果又在别人嘴中听到了自己的私密，他肯定会首先认为是你出卖了她。被出卖的团队成员心里肯定会不舒服，并会为以前对你付出的友谊和信任感到后悔。因此，不随意泄露别人隐私是巩固队友之间友情的基本要求。如果这一点做不好，恐怕没有哪个同事敢和你推心置腹。

6. 不私下向上级争宠

有的人认为讨好上级是一条捷径，所以巴结上级，向上级争宠。这样的人肯定会让其他团队成员怀疑你对友情的忠诚度，甚至还会让其他人怀疑你的人品有问题，担心平常对上级的抱怨会被你泄露。因此，要是真需要拜访上级的话，应尽量多人相约一起去拜访上级，而不要在私下做一些小动作。

在职场做事，从来不是只要能干就可以的，团队精神自始至终贯穿你所在的团队，如果你不懂得如何让自己具备完善的团队精神，那么你就会觉得不适应或者面临被淘汰。

处理好团队内的人际关系也是团队精神的一项要求，人际关系的好坏有时甚至可以决定团队的效益。如果团队成员之间相互敌视，那么团队整体力量就会非常脆弱，团队精神也无从谈起。只有当团队成员之间相互信任、相互合作的时候，才算是具备了团队精神，团队的力量也才能发挥出来。好的人际关系就像工作中的润滑剂，如果缺少润滑剂，人们就很难克服工作中的种种障碍，严重时还可能被这些障碍摧垮。人际关系的好坏有时甚至可以决定团队的效益。

职业法则15：工作有压力是很正常的

告别杂乱，扔掉痛苦，接受压力，拒绝烦恼，也许就不会这么怨天尤人，唉声叹气。要知道，工作中有压力是很正常的一件事，被压力压垮则是不正常的事。

在现代社会中，我们要面对各种各样的压力：来自对手的挑战，来自其他团队成员的竞争，来自团队内外环境的变化……有压力很正常，被压力压垮则不正常。

其实，大多数压力来自你对那些也许永远也不会出现的问题的担心，很多时候，真正让我们感到身心疲惫的不是压力本身，而是面对压力的恐惧感。而且，每个人都有自己抵抗外部压力的潜能，只不过，我们常常忽视了或者低估了自己的这种能力。

在美国麻省理工学院曾经进行了一个很有意思的实验。

一名实验人员用很多铁圈将一个小南瓜整个箍住，以观察当南瓜逐渐长大时，对这个铁圈产生的压力有多大。最初他们估计南瓜最大能够承受了5000磅的压力后瓜皮才产生破裂。最终，他们打开南瓜，发现它已经无法再食用，它的中间充满了坚韧牢固的层层纤维；为了吸收充足的养分，以便于突破限制它生长的铁圈，它所有的要往不同的方向全方位地伸展，直到控制了整个花园的土壤与资源。

由南瓜的成长想到身处团队中的我们，我们对于自己的成长常常毫无概念。假如南瓜能够承受如此压力，那么人类在相同的环境下又能承受多少呢？

在许多情况下，团队中的许多团队成员还不如南瓜。尽管有比南瓜更坚强的承受力，但他们没有承受的勇气，甚至有时候还没有加到他们身上时，他们就已经趴下了。他们怀疑自己的能力，不敢与压力抗衡。压力并非总是件坏事，当你在一大群听众面前讲演的时候，你会感到有压力。你心跳加快，呼吸急促，还感到胃部痉挛；但同时，你也对这种兴奋感到乐在其中，而且对你讲演这回事还很渴望，因为由此带来的压力给了你动力。

团队工作中，压力不可能消失不见，它是时刻存在的。作为团队成员要做的就是勇敢地承受住工作压力，要清醒地认识到有压力也不是一件绝对的坏事，在工作中有时我们还是需要一定压力的。因为压力可以刺激我们采取一些行动，挑战我们自身的能力，帮助我们达到自己认为不可能达到的目标。

压力产生的原因是多方面的，结合工作压力的特点，有专家总结出几个工作减压的方法，具体如下：

1. 丰富业余爱好，增加兴趣

心理困扰常常会使人态度消沉，从而使情绪低落，影响斗志。这时，如果能有意识地通过丰富自己的业余爱好活动，暂且抛开心理困扰，去读一本自己早就想读的好书，甚至潜心雕刻等，对摆脱心理困扰、转移消极情绪很有好处。

2. 休闲常听音乐，改变心境

听什么音乐很有讲究。如在心情抑郁时，先听些曲调委婉哀伤的音乐，这样的音乐虽然看起来会给自己心理增添一些忧郁，但却是着手改变心情、平抑烦恼的第一步，以后再慢慢地转为欣赏欢快活泼的音乐，自可循序渐进，使自己心理困扰所造成的不快情绪在不知不觉中得到转化。

3. 加强耗氧运动，振奋精神

不少心理专家指出，耗氧运动在改变不良情绪等方面，比服用任何药物效果都好。在摆脱心理困扰时，也可进行耗氧运动，如快步小跑、快速骑自行车、疾走、游泳，等等。

通过这些耗氧量很大的运动，加速心搏，促进血液循环，改善身体对氧的利用，并在加大氧的利用量中，让不良情绪与体内的滞留浊气一起排泄。

4. 改变环境颜色，滋养心气

美学家通过研究多人的行为研究发现，犹如维生素能滋养身体一样，颜色能滋养心气，而且效果还较明显。要注意选择适宜的颜色，凡是能使心情愉快的鲜明、活泼的颜色以及具有缓和和镇静作用的清新颜色都可采用，这样，自可使人的视觉在适宜的颜色愉悦下，产生滋养心气的效果，并使心理困扰在不知不觉中消释。

如果在工作中遇到了压力，团队成员不妨通过上述几个方法来排解压力。有压力并不可怕，也很正常，工作中谁又没有压力呢？有的人战胜压力成了成功者，而有的人被压力压垮成了失败者。只要我们学会正式压力，将压力变成前进的动力，相信我们每位被压力困扰的团队成员都能从压力的泥淖中挣脱出来。

职业法则16：信任是个好方法

信任对于一个团队来说，具有化腐朽为神奇的力量。它能够使团队成员和谐共处，进而通力合作，创造出惊人的团队绩效。同时，也只有信任才能使团队成员迅速适应各种变化，承受接踵而来的问题。

任何一个人都不是生来就有被别人信任的特质，一个人被信任是在现实生活中一点点积攒起来的。要想被人信任，你就应该积极地增加你的信用“额度”。一个人要想增加自己的信用“额度”，并非心里想着就能实现，只有用实际的行动才能消除他人的心防，使别人愿意真正相信你，这才是获得信任的必由之路。

历史上著名的政治家商鞅就曾为了尽快实施自己的变法主张，不惜设计树立“守信誉”的形象。

有这样一个历史故事：

公元前4世纪中叶，商鞅开始在秦国推行变法。

准备推行的新法经秦孝公批准后，商鞅并没有急于公布。他知道，如果得不到人民的信任，法律是难以施行的。为了取信于民，商鞅采用了这样的办法。

这一天，正是咸阳城赶大集的日子，城区内外人声嘈杂，车水马龙。

时近中午，一队侍卫军士在鸣金开路声引导下，护卫着一辆马车向城南走来。马车上除了一根三丈多长的木杆外，什么也没装。有些好奇的人便凑过来想看个究竟，结果引来了更多的人，人们都弄不清是怎么回事。人越聚越多，跟在马车后面一直来到南城门外。

军士们将木杆抬到车下，竖立起来。一名带队的官吏高声对众人说："大良造有令，谁能将此木搬到北门，赏给黄金10两。"众人议论纷纷，城外来的人问城里人，青年人问老年人，小孩问父母……谁也说不清是怎么回事，因为谁都没听说过这样的事。有个青年人挽了挽袖子想去试一试，被身旁的一位长者一把拉住了，说："别去，天底下哪有这么便宜的事，搬一根木杆给10两黄金，咱可不去出这个风头。"有人跟着说："是啊，我看这事儿弄不好是要掉脑袋的。"

人们就这样看着、议论着，没有人肯上前去试一试。官吏又宣读了一遍商鞅的命令，仍然没有人站出来。城门楼上，商鞅不动声色地注视着下面发生的一切。过了一会儿，他转身对旁边的侍从吩咐了几句。侍从快步奔下楼去，跑到守在木杆旁的官吏面前，传达商鞅的命令。官吏听完后，提高了声音向众人喊道："大良造有令，谁能将此木搬至北门，赏黄金50两！"众人哗然，更加认为这不会是真的。这时，一个中年汉子走出人群对官吏一拱手，说："既然大良造发令，我就来搬，50两黄金不敢奢望，赏几个小钱，还是不错的。"

中年汉子扛起木杆直向北门走去，围观的人群又跟着他来到北门。中年汉子放下木杆后被官吏带到商鞅面前。商鞅笑着对中年汉子说："你是条好汉。"商鞅拿出50两黄金，在手上掂了掂说："拿去！"

历史上有多次大的变法，成功的却屈指可数，原因为何？信任就是其中一点。商鞅深谙此道，因此以取得民众的信任为出发点，使上下和谐共处，齐心协力，达到最终的变法目的。

信任产生效率，越充分的信任，就越能激发人的创造力和积极性，就越能够产生效益。团队发展的原动力有很多，其中信任就是重要的一个。坚守信用是成功者的制胜关键。一个人要想赢得别人的信任，必须要花费大量时间持续证明自己的诚恳，这是一个长久经营的过程。

那么，具体该如何经营呢？

1. 给予别人信任

对于一个优秀的团队管理来说，有各种各样的办法来促使团队成员产生努力工作的强烈欲望，而信任就是一个很重要的途径。一种大胆的信任，一种不需要任何理由的信任，常常可以激发下属神圣的责任感和使命感，进而使其焕发出巨大的力量，最终实现目标。

下面这个故事中的主人公用他的行动完美地诠释了信任的核心：

19世纪末，美国与西班牙之间爆发了一场战争。战争开始之后，军队首领加西亚就开始带领军队抗击西班牙。他带领的军队在古巴丛林的山里面，很少有人知道他的确切位置。

交战过程中，美国总统有一封紧急的书信要交给他，却不知道该怎么办。这时候有人对总统说：“在这里，有一个名叫罗文的士兵，只有他知道加西亚的确切地点，可以让他把信交给加西亚。”

总统听了之后，马上就让人把罗文找来，把信交给他，并嘱咐他要怎么做。但是总统并没有问罗文加西亚在什么地方，该怎样去找他，而是充满信任地把这件事情交给他去做。

罗文拿了信，把它装进一个油纸袋里，封好，吊在自己的胸前，然后就出发了。总统就焦急地等待着他将信送到的消息。

罗文出发后很久都没有任何消息，三个星期之后，他才找到了加西亚，把信交给了他。这三个星期以来，罗文经历了别人无法想象的困难，所有的路都是靠自己的双脚徒步走过的。

而有趣的是，在总统给罗文这封信的时候，罗文自己也不知道加西亚藏身的确切地点。但是在他接过这封信的时候，总统并没有问他任何事情，他感受到了一种前所未有的被信任感，正是这种被信任感促使他接受了这个神圣的任务。他什么也没有说，他所想到的只是如何把信送给加西亚。经过千辛万苦，他终于完成了总统交给的任务。

2. 做好自己的事情

很多时候，有些人习惯于不把自己的事情做好，而去操心别人的事情做得怎么样。在团队中经常可以看到这样的人，他们总是说别人这里做得不好，那里做得差劲，但是如果把这项工作交给他们，他们又处理不了。作为一名职业人士，你应该记住这样一句话：“团队需要的不是你发现问题的能力，而是你解决问题的能力。”因此，如果你希望获得别人的信任，那么就需要帮助别人解决问题，这样他们才会对你的能力有信心。

3. 适当表现自己

这个世界上没有人有义务了解你，因此，你要学会表现自己。酒香不怕巷子深的时代已经过去了，在这个快节奏的年代，谁有时间单独去为你停留呢？不是每个人都会留意你、观察你，也不是每个人都会主动欣赏你。在工作中，既然你做了，而且做得很好，为什么不表现一下，让更多的人能了解和认识你呢？当然，表现是有限度的，不要表现得太过分，更不要只说不做。这方面，刁启瑞做得就很好。

刁启瑞是某一商场的老板，他想为自己的商城建一个千兆网站，建立千兆网，需要克服大量技术上的困难，而具体到网站的设置，又牵涉到大量商业问题。

刁启瑞发了愁，到哪里找既懂销售又懂计算机的人来负责呢？问了好几个人，但他们深知责任重大，自己又有许多不懂的业务，都推辞了。

商场的这项计划一直拖延下来。梁文海在大学学的是贸易专业，在商场里做经理助理工作，他平时对电脑知识很感兴趣，也自己钻研了不少关于网站的东西。他看到刁启瑞一筹莫展的样子，便自告奋勇，说："我试试吧。"

刁启瑞抱着试试看的心理同意了。梁文海接手之后，一边向专门人员请教，着手解决技术问题，一边自学了更多关于销售的知识。

项目推进得虽然不快，可是却在稳步前进。刁启瑞对他的信任也在增加，不断放手给他更大的权力和更多的帮助。最后，他完成了任务，自己也成了该网站的主管。

表现自己时要注意以下几点：

（1）言行一致。由于表现出来的行动是取得他人信任的基础，行动比语言更响亮。因此，我们一旦作出什么承诺，就一定要努力去实现它。

(2) 真诚。在沟通中，每个成员应该以“真正的自我”出现，不是用防御式伪装，戴着假面具出现，而是表里如一、真实可信地投入交流中。

(3) 用语言和行动来支持同伴。当团队成员承担了某项任务时，向他们表明自己的见解和观点。这种支持有助于建立同伴之间的信任。

(4) 不知道的事，就坦白承认。有些人太爱面子，认为说“不知道”会让别人觉得自己无知，有损于自己的面子。殊不知，“知之为知之，不知为不知，是知也”。不懂装懂会让自己失掉别人的信任，让别人远离你。

(5) 犯错后，用行动强调自己的歉意。弥补过错的态度，远比单纯的道歉更能使人感受到你强烈的责任感和诚意。用行动强调自己的歉意，会给人留下美好的印象。

在平常的生活中，提高别人对自己的信任度就是从以上的小节上积累起来的。

恐怕人人都知道“狼来了”的故事。尽管这只是一个虚构的故事，但它说明了信任有多么重要。现实中常有人自觉不自觉地浪费别人的信任并很不以为然，结果是可想而知的。

要想融入团队、适应团队的工作和生活，就必须学会左右逢源，从而维护好团队内的人际关系；而要维护好团队内的人际关系，使团队成员能够和谐相处，首先要赢得同事的信任。一个相互信任的团队，才是一个和谐的团队；一个有凝聚力的团队，一个高效的团队。信任对于一个团队来说，具有化腐朽为神奇的力量。它能够使团队成员和谐共处，进而通力合作，取得惊人的团队绩效。

职业法则17：遵守团队的“潜规则”

每个团队都有自己的“潜规则”，有原则地遵守团队“潜规则”，也是团队精神的一部分。如此，能够更好地让你融入团队，适应团队的工作和生活。

“潜规则”是相对于“明规则”而言的，“明规则”是上得了台面的、写在纸上的规则，而“潜规则”是指看不见的、明文没有规定的、约定俗成的，但是却又是广泛认同、实际起作用的、人们必须“遵循”的一种规则。有些人正义凛然，揭竿而起，大呼“倒潜”；也有些人坚决拥护，孜孜不倦，乐此不疲。至少在现在，“潜规则”还是“大行其道”，尽管有人豁出脸面大胆揭发，但它就像野草一样，“野火烧不尽，春风吹又生”。

搞懂“潜规则”并非易事。”潜规则”是什么？是上不得台面的，所以就算你开口问，很多人都不会轻易告诉你，所以关键还是要靠自己的观察和悟性，最直接也是最有效的方法就是观察团队管理者、其他团队成员的言行，尤其是团队里被认可的“明星”们的言行举止。

下面有这样一个事例：

常林所在的企业倡导“以人为本”的理念，企业规定周一至周四员工必须穿着职业装，而周五则可以穿休闲装。大家都很高兴，觉得这个规定比较人性化，而且这样下班出去玩就方便多了。有一次，老板在内部邮件中谈到关于加强服务意识的问题，顺便提到无论什么时间和场合，只要有客户在场，企业员工都应该以职业的形象出现。常林是个有心人，他发现老板的话似乎跟周五可以穿着休闲装的规定有点矛盾，后来他又发现，无论什么时候，包括周五，老板穿的都是西装。从那以后，常林周五上班也开始穿着西装上班了。

不久在一次会议上，老板专门点名表扬了常林。当然表扬不是针对常林周五穿西装的事情，而是说他敬业，并希望大家向他学习。

每个团队的“潜规则”都是不一样的，我们在这里不能具体讲到每个团队的“潜规则”，因为那是不可能的，但总有一些“潜规则”是共性的。唯有了解并适当遵守这些“潜规则”，才能让自己的工作更加得心应手。

1. 业余学习不要到处张扬

团队喜欢不断完善自我、能给团队持续创造价值的团队成员，所以，团队成员需要不断充电。但是，如果你学习的课程与本团队业务无关，那么，就不要当作“光荣事迹”到处宣传，否则团队管理者会对你的忠诚度产生怀疑。

下面的案例也许能给你一些启示：

原少君天生好学，经常和企业同事谈论自己最近在读什么书，他的工作业绩也不错，比许多同事都强，但老板却总说他工作不够努力，完全可以做得更好。一开始原少君以为老板是在鼓励他，久而久之却产生了疑惑，不知道自己究竟哪里还要做得更好，哪里不够努力。

有一天老板再次听到原少君跟同事讲他正在读什么管理名著，老板走过去说了一句："你把企业的业务资料跟工作相结合，收获也会很大的。"这时原少君才恍然大悟，原来老板是觉得他把心思都放在学习上，工作自然就不够努力了，如果他把学习的劲头放到工作上，岂不是会做得更好？

换位思考一下，管理者这么想是有道理的，因为有些团队成员经常为了学习和考试而请假耽误工作，而且理直气壮。站在团队的角度，你并不是为了团队的业务而去学习、考试，却耽误了团队正常的工作进度，也给其他团队成员带来了麻烦。

2. 女烟民不受欢迎

有这样一个事例：

有一天，蔡檬在洗手间吸了一支烟，不知被谁看见了，竟在企业内传开了。后来蔡檬的老板把蔡檬叫到他的办公室谈话，劝她不要吸烟，要她注意影响，等等。当老板劝蔡檬"要注意影响"的时候，他自己桌上的烟灰缸还没来得及倒掉。

尽管蔡檬嘴上表示接受批评，但在心里觉得非常可笑：在我们国家的法律法规中或者是企业的规章制度中，有哪一条规定只有男士可以吸烟而不许女士吸烟？她认为这事简直不可思议。同在企业，男士不仅可以公开吸烟，而且互相之间可以递来递去，公开支持或者怂恿吸烟；普通员工如此，连企业领导也是这样。既然如此，为什么女士吸烟就有人看不惯，进而汇报、批评甚至开除，如果认为女士吸烟形象不太好的话，那她更要吸烟，因为像作家三毛，小说家杜拉斯，时装大师香奈尔，她们都是女性，她们吸烟，人们都认为更增添了女性的风采。

在中国大部分地区，女性吸烟少之又少，被人诟病，就连大多数女性都看不惯。“女士不能吸烟”，它既不是国家法律，也不算是企业的制度，如果蔡檬执意要抽，老板也“无可奈何”。但是，这些约定俗成的纪律，往往在人们的思想中根深蒂固。如果你不尊重这些风俗习惯，同事们便会“群起而攻之”，在你背后指指点点，散播有关你的风言风语，更严重的是在工作中不配合你，甚至暗中使绊，最终把你搞成“孤家寡人”，工作难以开展，让你在企业中待不下去。

3. 创新不等于冒险

缺乏创新会被淘汰，但高风险的创新同样不受欢迎。一般的团队都不允许团队成员抱着赌博的心态去创新，即使要赌，也是团队管理者下决心，作为团队成员是不应该有此行为的。

研究发现，那些鼓励创新的团队都有着完善的防范风险措施。像著名的企业 3M，他们为了鼓励员工创新，从企业资源中拨出一部分以资鼓励。同时又对这些事占用的企业资源有非常严格的控制，只占企业资源中很小的一部分，成功了使企业获益，失败了也不会影响企业正常运营。有些员工志向远大，雄心勃勃地提出自认为对企业大为有利的发展大计，谁知却是热脸贴了冷屁股，大计被打入冷宫冷冻。其实这背后就是风险评估在起作用。

每个团队都有自己的“潜规则”，不管你喜欢不喜欢。对于“潜规则”，违背基本原则的我们可以拒绝，但要注意方式。很多人会抱怨不合理，的确有些不合理，但是既然存在就有它的道理，它不会因为你的反对而消失。其实从另一个角度看，这没有什么不合理的，仔细观察你就会发现，说不合理的都是那些失败者，他们在为自己的失败找借口、推卸责任。那些人就像下面的这条江鱼。

一条江鱼，习惯了淡水。顺江而下时进入大海，刚接触海水时，江鱼对海水很不适应，觉得这太不合理了，它希望周围的一切都变成淡水。改变不了海，就让自己变成海鱼吧。其实灵活地想一想，只要我们的目标理想不变，行为做法是可以改变的。追求自我，崇尚英雄是好事，但英雄往往出师未捷身先死。我们不做这样的英雄，我们要做融入团队的智者，和团队成员协调一致，创造和谐的人际关系氛围。这是团队精神的需要，是团队发展的需要，也是个人成功的必经之路。

“潜规则”有它存在的道理。我们要做融入团队的智者，适当遵守“潜规则”，和团队成员协调一致，创造和谐的人际关系氛围。这也是团队发展的需要。

第三章 做好自我调节

人不可能永远处在好的情绪之中，工作中既然有压力、有烦恼，就会有消极的情绪。一个心理成熟的人，不是没有消极情绪，而是善于自我调节。那什么是自我调节呢？自我调节就是自我意识对心理与行为的控制、调节的作用。在团队中，每位团队成员都应做好自我调节，这样才能更加自如地应对团队工作。

职业法则18：增强身体素质，提高承受能力

身体素质的好坏直接反映了人们在日常生活和工作中承受能力的强弱。因此，每位团队成员都应有意识地调节身体，从而提高承受能力。

随着社会经济的不断发展，生活节奏越来越快，人们在感叹巨大压力的同时，觉得身体素质越来越差，身体差自然承受能力也相应减弱。同样，作为团队中的每位成员也面临着这样的尴尬局面。想要摆脱这种无能为力的尴尬局面，就要增强身体素质，提高自身的承受能力，以迎接工作中的各种挑战。既然要增强身体素质，那么，首先就要先了解一下什么是身体素质？

身体素质，通常指的是人体肌肉活动的基本能力，是人体各器官系统的机能在肌肉工作中的综合反映。身体素质一般包括力量、速度、耐力、灵敏、柔韧等身体基本状态和功能能力。一个人身体素质的好坏与遗传有关，但与后天的营养和体育锻炼的关系更为密切，通过正确的方法和适当的锻炼，可以从各个方面提高身体素质水平。

身体素质受制于很多因素，一般而言有五个方面来衡量，反应速度、力量、耐力素质、应变能力及关节柔韧性和弹性，当身体素质下降时可以尝试从以下方面来提高：

1. 提高睡眠质量

人体需要休息，而且需要高质量的睡眠，得到好的休息，才能在人的应变及快速反应上有提高，一个昏昏欲睡的人，肯定比一个清醒的人在各方面都差。关于睡眠不能只简单地增加睡眠时间，过多的睡眠也容易导致人的身体素质下降，所以得抓睡眠的质量。过多睡眠不行，相反睡眠过少也不行。

如果睡眠不好的话，那一定会影响第二天的正常工作和生活。心理学专家和医学专家指出：为失眠而忧虑所产生的损害，远远超过失眠本身。伊拉·桑德勒就几乎因为严重的失眠症而自杀。他曾这样讲述自己的故事：

最初我睡眠很好，闹钟都吵不醒，结果每天早上上班都迟到。老板警告我，如果再睡过头，就小心丢了差事。

我的一个朋友向我建议，在睡觉时把注意力集中到闹钟上。结果，那该死的声音缠着我不放，让我整夜睡不着，翻来覆去，焦躁不安。到了早晨，我几乎不能动了。就这样，我一直受了两个月的折磨。我想：我一定会精神失常的。有时我会走来走去转上几个钟头，甚至想从窗口跳出去一死了之。

最后，我找了一位医生，他说：“伊拉，我没有办法帮你的忙。如果每天晚上上床之后不能入睡，就对自己说：‘我才不在乎睡得着睡不着，就算醒着躺一夜，那也能得到休息。’”

我照他的话去做。不到两个星期就能安稳入睡了。不到一个月，我的睡眠就恢复了八小时，精神上也没有痛苦了。

使伊拉·桑德勒受到折磨的不是失眠症，而是失眠引起的焦虑。

失眠带给我们的最大伤害，不是失眠本身，而是由失眠所引发的担心和忧虑。在工作中遇到其他困难的时候，也是如此。给我们带来最大伤害的，不是困难本身，而是由困难所引发的担心和忧虑。

柯特林曾是通用汽车公司的副总裁。当年，他在发明汽车自动点火器时，穷得要用谷仓里堆稻草的地方做实验室。当时，家里的开销都得靠他太太教钢琴所赚的钱。后来，他甚至把他的人寿保险抵押了500美元，去购置实验设备。柯特林不眠不休，夜以继日地工作，然而，他没病倒，他的太太反而病倒了。有人问他太太：在那个时期，柯特林是不是很忧虑？她回答说："不是的，我为他担心得睡不着，可他一点也不担心。他整天埋头工作，根本没有时间去忧虑。"

"没有时间去忧虑！"这正是丘吉尔在"二战"期间，每天紧张到要工作18个小时时常说的。成功学大师卡耐基曾说过："最重要的不是去看远方模糊的东西，而是做好手边清楚的事。"

不错，我们要为明天周密地考虑、计划和准备，但不等于是为明天担忧。担忧不能解决任何问题，担忧只能损害健康。为明天作准备最好的方法，就是集中你所有的智慧、精力和热忱，努力把今天的工作做得尽善尽美。

不要为一些不必要的事情担心，休息时放松心态，平和地进入睡眠状态，自然睡眠质量会得到提高。精神状态好了，以前看似麻烦的问题也许也就迎刃而解了。

2. 增加活动量及锻炼机会

生命在于运动，通过运动能提升肌肉的力量，也增加了身体的协调性和灵活性，常运动的人在反应及耐力上都明显有优势，运动能让人精神面貌好，给人精力充沛的感觉，在力量及反应速度上的特定锻炼也有助于快速提高身体素质。总之，如果感觉身体哪方面不适应需要通过活动的方式，不仅对身体有益，也有助于转移注意力。

3. 设定可行的目标

做人做事都得有一个明确的目标，有时身体的不适来源于人的慵懒和堕落，也与无目的的晃悠有关，不论是从兴趣出发，还是他人给自己安排的任务，都需要自行制定一个可行的目标，有了目标，才会有动力，如果影响身体素质的是肥胖，那么在不控制饮食的情况下，需要更多的运动量，循序渐进地增加活动，并有毅力地坚持下来，那么身体自然会越来越好，身材也会达到让人羡慕的程度。

4. 寻医问药

有些人因为饱受病痛的折磨，而导致身体素质下降，仅靠经验或者个人的努力并不是很有效的办法，此时得根据个人体质，用药物来调理，结合医生的建议，再适度的增加运动和锻炼才是最可行的办法。

5. 持之以恒及乐观面对

不论是身体的原因还是疾病的原因，为了提高身体素质，最终还得靠个人的毅力，做事能有一个恒心，坚持下来，或者养成了习惯，自然而然，人的面貌就得以全面的改观。还有乐观的心态也很重要，遇到身体或者心理的问题，不可以一味地走入个人的牛角尖，将问题说出来或者向医生寻求帮助等办法，都可以让问题变得容易解决。

“聪明人永远不会因为忙而忽视了锻炼和保持身体的健康。他们知道，如果没有健康的体魄，一切都等于零。”这是犹太人的格言。因此，无论何时，我们每个人都应注重身体的健康。尤其是处于高强度工作的团队成员更应合理安排自己的时间，工作之余也要有身体锻炼的时间。要知道，提高身体自己的身体素质并不是浪费时间，而是为了更好地在工作上节约时间。

职业法则 19：控制压力，培养健康平衡的心理

压力无处不在，但是我们要学会控制，更要懂得平衡心理。这样，我们才能在团队工作中无往不胜。

心理学家指出，压力是一把“双刃剑”：一方面，压力让我们更好地完成工作；另一方面，长期持续的高压状态也会损害我们的身心健康。

压力，其实是身体在特定情况下的一种状态。当有一件事情是我们迫切需要完成，或者需要花大力气才能完成的时候，大脑就会开始重新调配身体的资源，通过内分泌系统的作用，在一段时间里，人对事物的洞察力变得更加敏锐，注意力变得高度集中，身体的力量和反应得到加强，对疲劳的耐受力也得到了提升，如此一来，我们便可更好地完成一些高难度的任务。

当然，我们需要为此付出代价，在这段时间里，我们的血液很可能以多至平常3倍的比例集中于脑部，大部分的身体其他组织都将处于暂时的缺血状态；同时，我们的免疫系统也将处于半罢工的状态，动物神经的长时间兴奋也会促生焦虑的情绪。所以，如果一个人长期处于高压工作状态下，便容易罹患肢体和消化系统的疾病；而由消化系统的问题又衍生出许多慢性疾病；再加上人的抵抗力长期低下，经常被一些流行疾病所困扰，更容易引发焦虑症和抑郁症这些流行的心理问题。

造成精神“压迫”的因素是多种多样的；不同的因素造成的精神“压迫”的强度也是不相同的。

团队成员的压力总是大的，这些压力不仅来自团队内部，还有团队外部竞争带来的。面对如此激烈的竞争，每位团队成员的神经总是紧绷的，其实这对团队成员的心理健康是十分有害的。因为，只要到某种极限，这根紧绷的神经就会崩断。所以，团队成员在工作中一定学会控制压力并培养健康平衡的心理。

要适应团队的竞争和大量的工作，保持精神健康和身体健康，每位团队成员都应该学会解除精神压迫的方法。有心理学专家指出，要控制精神压力，主要有两种方法，具体如下：

1. 提高“抗压”能力

任何人所感受到的精神压力的大小，实际上是同自身的抗压能力成反比的。面对同样的外界压力，自身抗压能力越强，感受到的精神压力就越小。反过来，自身抗压能力越弱，感受到的精神压力就越大。

提高“抗压”能力的具体办法主要有3个：

（1）把困难看作生活不可分离的一部分。人生的哲理就在于：当你把困难看作生活的不幸羁绊时，区区小事都可能会使你哀叹人生际遇的坎坷。但是，一旦你的人生乐章中注进了不畏困难的旋律，纵使层峦叠嶂也难以使你在登攀的路上止步。

(2) 从实际出发，确定自己的志向水平。所谓志向水平，是指一个人对自己所要达到的目标规定的标准。假如一个人志向水平定得过高，脱离实际势必难以达到。几次下来，就会形成精神上的压力。若不及时消除，则可能走向反面，降低自己的自信力。这样讲，并不是说志向水平定得越低越好。志向水平低，目的自然容易达到，不易感受精神压力。但是，这样下去，人生的进取乐趣也会随之消失了。而且，一个在生活中甘居下游而又故步自封的人，很可能会被别人所轻视。这样一来，或许他又会感觉到有新的精神压力向自己奔来。所以说，积极的办法还是从实际出发来确定自己的志向水平，并且随着自己的努力使志向水平有计划地逐步提高。

(3) 强化自己的意志。贝多芬曾经说过："卓越的人的一大优点是，在不利的艰难的遭遇里能够百折不挠。"意志力是人的思想、情感和行动中全部精神力量的总和，因而也是抗衡精神压力的劲敌。意志，无疑是会在战胜自己和外界压力的过程中闪光的。但是，战胜自己同宽容自己并不矛盾。所谓战胜自己，就是要战胜自己身上的缺点和弱点。但是我们也还要善于宽容自己，不要给自己制造过大的精神压力。一个意志的强者，也应该是一个善于宽容自己的智者。对自己该苛责时就要苛责，该宽容时就要宽容。这不仅是一种自我修养的技巧，而且也是一种心理调适的艺术。

2. 卸减精神压力

一旦有了精神压力，应该怎样去消除呢？这就要求我们学会卸减精神压力。我们可以采取以下 3 种形式：

（1）自我发泄。这种做法，在生活中并不少见。比如，有的人失恋后，奋笔疾书，倾诉自己的痛苦。写完了这些也不知给谁看的东西以后，内心如释重负，顿时感到轻松。还有的人，遇上突如其来的悲痛事件抱头痛哭一场，泪尽哀去，心里也就好受多了。当然，自我宣泄要讲文明，不能搞破坏性的发泄方式。

（2）请人疏导。这也是一种很有效的“卸压”形式。在许多情况下，一个人对自己的认识往往是有限的，甚至是模糊的。所以，我们一旦有了精神痛苦和不满或困扰时，切莫闷在心里打无名官司，可以找朋友，找亲人，找组织，把心事全倒出来。尽管问题未必就能随之解决，但是，心中的疙瘩总能够在不同程度上得到缓解。如果让痛苦、困扰放在心里，只会使精神压力越来越大，甚至不堪负担。

（3）“代偿迁移”法。所谓代偿迁移法，就是通过另一种活动，创造另一种情境来转移自己因达不到某种愿望或受挫折、失败、困难及其他原因所造成的精神压力。比如，拿起笔写写诗歌，画画图画，或者埋头工作等。这样，一切精神痛苦和精神压力就会大大减轻。

在能够控制压力的情况下，我们还要积极地培养健康平衡的心理，这样更有利于我们控制我们已经控制好的压力，更有助于我们在团队中继续前行。

健康的心理就是平衡的心理。其具体表现在以下几个方面：

1. 情绪低落和高涨的平衡

健康的心理不会有长期的害怕、恐惧，或永恒不变的幸福感。碰到情绪或精神压力很大的时候，感觉到发狂或沮丧是难免的；否则的话，我们的心理就过于偏激。阳光普照的日子里，觉得很舒畅；碰到困难的时候，觉得害怕、焦虑；心爱的人离开了你，你会觉得忧伤，这些都是正常的现象。不过，这些感觉通常都是短暂的，不久就成了平静的回忆，而那些事件也就和我们合而为一，成为我们过去的历史。

2. 自己主张和别人建议的平衡

你不可以过于武断，满脑子都是自己的主张，也不能过于依赖别人的观念，这样才算拥有稳健、平衡的心理。要是你能倾听别人说的话，尊重别人的看法；在不赞同别人看法的时候，也是出于自己的意愿；凡事都根据自己清晰而一贯的理念，那么你就有平衡的观点或开放的心灵。

3. 注意宏观和微观的平衡

心理健康的关键，并不是这样或那样，而是既这样也那样。有两种同样值得向往的特质，这两种特质具有互补作用，保持平衡就是要介于这两种特质之间；假如只有其中一种特质单独存在的话，就成了偏颇而不健康。举个例子来说，注意细节，也要能看到整个大情况，这两者之间要保持平衡。健康的心理要两者都能兼顾，掌握得住细节，也看得到整体情况，感觉得到有关的一般原则。受困于琐事，或者老是不切实际地一概而论，都是武断的结果，这两种态度都是不健康的。

4. 感觉和情绪必须保持平衡

为了要有健康的心理，感觉和情绪必须保持平衡。我们必须知道自己的感觉，但是也不要受到感觉的压制。害怕受到感觉的冲击，没办法应付感觉，上述两种情形往往会令我们否认或压抑自己的感觉，这是很不健康的。受到压抑的感觉，最后免不了以不健康的方式发泄出来，也许是发脾气，也许是内心积郁，直到形成心理病态。

团队成员的生活中，也有一些特别容易发生的不平衡状况，而且会造成问题。其中一些典型的不平衡状态，是发生在工作和游乐之间、家庭和工作之间、思想和行动之间、物质报酬和艺术或精神表现之间。有些不平衡的状态，一方面可能会导致过度，另一方面则可能会导致贫乏。心理不平衡，会造成家庭和人际关系的破裂，导致相当的压力，最后会发展出偏颇的个性。若想以健康的方式来管理他人，首先就要把自己管理好，要有健康的心理和平衡的生活。

那么，如何培养健康平衡的心理呢？美国心理卫生学会提出了心理平衡的10条要诀，值得我们借鉴。

1. 对自己不苛求

每个人都有自己的抱负，有些人把自己的抱负目标定得太高，根本实现不了，于是终日抑郁不欢，这实际上是自寻烦恼；有些人对自己所做的事情要求十全十美，有时近乎苛刻，往往因为小小的瑕疵而自责，结果受害者还是自己，为了避免挫折感，应该把目标和要求定在自己能力范围之内，懂得欣赏自己已取得的成就，心情就会自然舒畅。

2. 不要处处与人争斗

有些人心理不平衡，完全是因为他们处处与人争斗，使得自己经常处于紧张状态。其实，人与人之间应和谐相处，只要你不敌视别人，别人也不会与你为敌。

3. 对亲人期望不要过高

妻子盼望丈夫飞黄腾达，父母希望儿女成龙成凤，这似乎是人之常情。然而，当对方不能满足自己的期望时，便大失所望。其实，每个人都有自己的生活道路，何必要求别人迎合自己。

4. 暂离困境

在现实中，受到挫折时，应该暂将烦恼放下，去做你喜欢做的事，如运动、打球读书、欣赏等，待心境平和后，再重新面对自己的难题，思考解决的办法。

5. 适当让步

处理工作和生活中的一些问题，只要大前提不受影响，在非原则问题方面无须过分坚持，以减少自己的烦恼。

6. 对人表示善意

生活中被人排斥常常是因为别人有戒心。如果在适当的时候表示自己的善意，诚挚地谈谈友情，伸出友谊之手，自然就会朋友多，隔阂少，心境自然会变得平静。

7. 找人倾诉烦恼

生活中的烦恼是常事，把所有的烦恼都闷在心里，只会令人抑郁苦闷，有害身心健康。如果把内心的烦恼向知己好友倾诉，心情会顿感舒畅。

8. 帮助别人做事

助人为快乐之本，帮助别人不仅可使自己忘却烦恼，而且可以表现自己存在的价值，更可以获得珍贵的友谊和快乐。

9. 积极娱乐

生活中适当娱乐，不但能调节情绪，舒缓压力，还能增长新的知识和乐趣。

10. 知足常乐

不论是荣与辱、升与降、得与失，往往不以个人意志为转移，荣辱不惊，淡泊名利，做到心理平衡是极大的快乐。

在压力大的时候，人总有承受不住的时候，因此我们要学会控制压力。只有如此，才能使我们有走下去的勇气。不过，人不能总是等到快承受不住时才想到控制压力。最好的方法是，培养一个健康平衡的心理，这样不论何时都能将压力化为无形，以便我们更好工作、更好生活。

职业法则20：激发潜能，提高承受能力

潜能就是一种潜在的、可能的、尚未外化为现实的能量。这种能力需要外部环境的激发才能发挥作用，而它一旦发挥出来，就能极大地提高团队成员的工作承受能力。

说到潜能，我们先来看一个故事：

话说古时候某处有一位大富翁，他腰缠万贯，富比陶朱。他有一掌上明珠，千金小姐，生得是闭月羞花，落雁沉鱼，胜过貂婵赛过西施。到了适婚年龄却未碰上一个如意郎君，这是富翁最大的心事，他想招纳一个上门女婿，把自己的女儿和万贯家产交付与他。

富翁的师爷献上一条征婚妙计。富翁一听，也认为很有道理，便辗转相传其征婚启事。城内的适婚有为青年既倾慕于小姐的花容月貌又垂涎于富翁的庞大财产，纷纷云集于富翁的巨宅想碰碰运气。

富翁把众青年带到后花园一大游泳池旁，兴奋地对参加者公布了比赛方法：只要谁最先游到游泳池的对岸便可赢得美女，继

承财产。但年轻人看了游泳池之后面上都露出一种惶惑恐惧的表情，没有一个敢跳下游泳池。原来泳池的水虽然不深，但泳池里却养着十八条饿了一个星期的鳄鱼，正张牙舞爪地等待喂食。

突然有一位年轻人跳下了水，三拨两爬地快速游到了对岸。富翁看见这个勇敢的小伙子，心中欣然，非常钦佩他的胆识，心想可以很放心地把自己的女儿和家产交付于他了。于是富翁上前恭喜并问他何时举行婚礼。年轻人却上气不接下气地愤然大骂："是哪个缺德的把我推下水?"

……

大家听了这个故事一定会捧腹大笑不止，笑过之余我们是否想到这故事在说明一个道理：人人站在池边，心中只想着鳄鱼凶猛，不敢下水，殊不知一旦跳下才知原来人的游泳潜质比鳄鱼还快。这就是潜能的力量。也许有人会说这个故事是假的，不能作准，那我们来看一个真实的案例，在日本的《朝日新闻》上有过一则报道：

一位妈妈有一个9岁的女孩，因为她已经跟她先生离婚了，所以，她跟她小女儿相依为命，女儿每天早上起来的时候，都会很高兴地看她妈妈，抱她妈妈。

妈妈有一天要去买菜，她知道女儿10点才会起床，于是她9点去买菜，10点以前回到家里面就可以了。没想到她女儿9点半就起床了，当她女儿起床后看不到妈妈时非常着急，就大声地叫：妈妈。她妈妈去买菜当然听不到，于是小女孩到处找，最后跑到阳台上去找，正好，看见她妈妈回来就大声叫：妈妈！她妈妈看到她女儿，怕女儿掉下来，就喊：女儿，你千万不能往下跳。由于女儿没听到她妈妈说什么，也没看懂她妈妈的手势，以为妈妈让她跳下来。所以，就跳了下来。这时，她妈妈在一两秒之内竟然跑了好几十米，把女儿接住了。

这个新闻发布出来以后，立刻震惊了整个日本，很多新闻界的记者采访她，但是，所有的记者又都不相信。这位妈妈说可以再试一次，但不能拿她的女儿试，有人建议用枕头。于是，就把枕头装上一样重量的棉花，拿到四楼。当试验的人一喊开始，这位妈妈就跑。但试了几次，都是跑不到一半枕头就掉下来了，她一次也没接到。

从上面这两个故事中，我们或多或少都能体会到潜能的力量。其实，我们每个人都有许多潜能尚未发挥，因为潜能是无限的。潜能是由一个人的综合素质所决定的潜在的认知能力和实践能力。通常，综合素质越好其潜能就越大。在团队中，作为团队管理者和团队成员都希望能够通过激发团队和自己的潜能，而获得一个美好的未来。不过，想要激发潜能不能无的放矢，要有根有据这样才能做到有的放矢。

1. 要了解潜能的特征

一般来说，潜能有未显性和可诱发性的特征。具体如下：

(1) 未显性。潜能是未显现的能力。脑中的潜能世界是一个未被打开的宝库，那里蕴藏着惊人的能力，一般情况下不采取一定的措施是难以开发出来的。人的潜能会在意外的情况下迸发出来，也会从天才人物身上显现出来。人一旦遇到意外情况，特别是在遇到危及性命的紧急情况下，人脑的新皮质部位、脑干部位会一起动员起来，在激素的作用下，人的潜能包括潜在的体力会一起迸发出来，创造人间奇迹。

据《汉书·李广传》记载：汉朝大将李广一次外出打猎，误将草中之石认为老虎，拼尽全力拉弓射箭，致使全箭深深没入石内。等他认出是石块后，再拉弓，就无法射进石内了。

运动员在比赛中出现最佳竞技状态，同样能创造出从来没有的好成绩。天才人物身上显现的潜能也是惊人的。一般人能掌握两三种语言，而泰国一个叫纳扎丽的女孩，10 岁时就掌握了包括泰、英、法、德、日、俄、阿拉伯、西班牙、印地、意大利、汉语和中国潮州方言等 12 种语言。潜能的未显性还表现在绝大部分潜能未被开发。如前所述，有的学者估计人的潜能只开发了 4%，或者更低。潜能未显性的特征给人类提出了开发潜能、造就更多的潜人才的繁重任务。

(2) 可诱发性。人的潜能的可诱发性，是潜能的又一特征。可诱发性是指人本来没有某种能力，经过教育、培养，能出现这种能力。

创造潜能是人的一种潜能。美国一些心理学家曾对一些人进行创造能力训练，经过训练，受试者的创造力提高了 3 倍，浙江省慈溪县鸣鹤镇两年间出现了 17 个“心算神童”，这在全国绝无仅有。这些学生能一口报出几十个两位数连加，15 个至 20 个三位数相加、减的得数，速度超过电子计算器。为什么出现这么多“心算神童”？这是因为这所学校运用了珠算式心算最新教学法诱发了学生的潜能。

潜能的可诱发性，为开发利用潜能提供了条件。

2. 进一步激发潜能

在具体的团队工作中，团队管理者可以根据潜能的特征研究出适合自己团队的管理机制和手段。这里主要是针对激发团队成员潜能的方法，一般主要包括几个方面：

(1) 增强自身的期望值。与每一位团队成员交谈，团队管理者都应该使用简单而直接的话语交流，来阐述团队的发展动向和对其的工作期望。有效的沟通的关键是简易和信息的重复。有时仅仅一次的沟通是不会让团队成员完全理解团队管理者的意图的，需要定期地进行有效的、重复性的沟通，以达到增强和巩固的效果。

（2）明确团队目标。在不断变化的团队生存环境中，团队管理者应清晰地与团队成员们进行沟通，将会毋庸置疑地确保团队成员了解团队的战略目标，并在团队管理者的领导之下，想要实现什么样的目标；怎么样的计划去实现目标；为达到这一目标，大家该如何去做。

（3）良好的工作环境。作为团队中的一分子，良好的工作环境同样有助于团队成员满足团队管理者提出的目标与发展方向。如果预期的目标和团队环境格格不入，即使团队成员十分努力，也是无法完成的。团队成员之所以能够有效地贯彻团队目标和期望，是得力于团队的奖励机制，以及团队良好的结构和流程。

（4）了解团队成员真正的需求。每位团队成员都是独立的个体，都有自己的思想和需求。团队管理者应试着了解每一位团队成员的个人喜好，这可以帮助管理者理解团队成员以及他们的期望，从而能够更好激发他们的工作斗志。只有通过真正的了解，团队管理者才能采取更加有效的方式激发团队成员的潜质，更正他们的行为举止。

（5）确保团队成员都在擅长的岗位。如果团队管理者接管了一个已经初具规模的团队，这点尤为重要。评估所有团队成员，并改组团队，以求更好的成功机会。不要仅仅因为某个人在某个岗位上已经工作了很长时间，就不去改变他的职能。只要团队成员能够在其他职位上作出更多的贡献，就应认真考虑并进行调整。也许，团队成员并不愿意做这样的工作变动，但作为团队管理者应具有合理分配人才资源的能力，应务力说服团队成员，让他们知道这样做的目的是为了达成他们个人与团队的共同利益，团队成员就会心甘情愿地接受了。

激发团队成员潜能的方法还有很多，这需要团队管理者在具体的工作中具体分析和寻找，找到最适合的方法，有效激发团队成员的潜能，提高团队的承受能力。有人曾经说过：“一个人的潜能是无限的，只要能开发出其 20%便可无往不胜，无所不能。”在工作中，每位团队成员都应记住并相信：每个人的身体里面，都潜伏着巨大的力量。这些力量，只要你能够发现并加以利用，便可以帮助你成就自己所向往的一切东西。

职业法则 21：学会自我放松

压力就像洪水，蓄积到一定程度，就需要释放。工作中，我们应学会自我放松，这样才能解除疲劳，才能更好地工作。

大多数人都会出现这样的情况：在午餐桌上，还会眉头紧锁，想着工作中还有一个问题没有解决，然后又是急匆匆地吃完饭，就跑回办公室。晚上回家，还是皱着眉头，想着明天有很多事情等着他去做，这种状态一直持续到睡觉，或许睡觉他也在思考。这样没有多久，他就觉得累了。事实上有句古话：会休息的人才会工作。这句话告诉我们，我们要学会轻松，解除疲劳。

有这样的一个故事：

有一个美国人，他有一个“不幸”的儿子。儿子爱玩，邻居孩子爱学；儿子爱惹事，邻居的孩子常受到校方的嘉奖；儿子考试成绩不理想，邻居的孩子每次考试都是A。如此鲜明的对比，使得做父亲的大觉丢脸，他常常斥责儿子：人家与你同岁，却那么让人喜爱，而你却是这么一副没出息的样子！

儿子挨骂多了，也就习以为常了。可他居然想着办法来反击父亲。一天，他父亲正在收看州长发表的电视演说，儿子就斗胆对父亲说：“看看，你不是和州长一般大的年纪吗？人家都当州长啦，你呢，还是一个小职员。”

这句话，让做父亲的下不了台。父亲气得怒发冲冠，火冒三丈。

后来这位父亲静下心来仔细地想了一想，觉得儿子的调皮话也不无道理。他想：我一直要求儿子像别人那样，可我这个做父亲的又何尝不是一位凡夫俗子呢？虽然儿子学习成绩不好，但他获得了少年的欢乐，这不也挺好吗？我没有权，没有钱，这是真的。但是，我每天的生活都充满了阳光，这不是很值得安慰的吗？

儿子的一句调皮话，使这位父亲发现了他自己不曾拥有的东西。

工作中已经承受太多，所以要学会自我放松，让工作之余轻松些。轻松下来，建立属于自己的新的生活状态。多看看自己的优点，比一比别人，原来别人有时也在学你。轻松些，并不是意味着沾沾自喜，狂妄自大，唯我独尊，而是不要钻牛角尖，不被生活中的那些无谓的烦恼所困惑。只要你自己在人生的道路上认认真真地走下去，你就无愧于自己，也无愧于身边的世界。只有学会自我放松、自我调节的人，才是真正会工作的人。

卡耐基曾说过：“一个坐着工作的人，如果他的健康状况良好的话，他的疲劳完全来自心理因素，也就是受情感的影响所致。得不到欣赏、孤立无助、过于匆忙、焦急、忧虑，这些感觉都会导致人精疲力竭。”

波普是位生意人，赚了几百万美元，而且也存了相当多的钱，但是似乎他从来就没有轻松过。

波普下班回到家里，踏入餐厅中。餐厅中的家具都是桃花心木做的，十分华丽，有一张大餐桌和六张椅子，但他根本没去注意它们。波普在餐桌前坐下来，心情十分烦躁不安，于是他又站了起来，在房间里走来走去。波普心不在焉地敲敲桌面，差点被椅子绊倒。他的妻子这时候走了进来，在餐桌前坐下；他打了声招呼，然后开始用手敲桌面，直到一名仆人把晚餐端上来为止。波普很快地把东西一一吞下，他的两只手就像两把铲子，不断把眼前的晚餐一一铲进嘴中。

吃完晚餐后，波普立刻起身走进起居室去。起居室装饰得十分华丽，有一张长而漂亮的沙发，华丽的真皮椅子，地板铺着高级地毯，墙上挂着名画。他把自己投进一张椅子中，几乎在同一时刻手中拿起一份报纸，他匆忙地翻了几页，急急瞄了一瞄大字标题，然后，把报纸丢到地上，拿起一根雪茄。波普一口咬掉雪茄的头部，引燃后吸了两口，便把它放到烟灰缸去。波普突然跳了起来，走到电视机前，扭开电视机，等到影像出现时，又很不耐烦地把它关掉。波普大步走到客厅的衣架前，抓起他的帽子和外衣走到屋外散步。

波普这样子已有好几百次了。虽然他在事业上十分成功，但却一直未学会如何放松自己。他是位神经紧张的生意人，并且把他职业上的紧张气氛从办公室里带回家里。波普先生之所以落下这种神经紧张的毛病，就是因为他不懂得掌握松弛自己的秘诀。

其实，我们所感受的疲劳，绝大部分是由于心理因素的影响而导致的。纯粹由生理原因引起的疲劳，其实非常少见。那么，怎么才能消除精神疲劳呢？要在学习和工作的时候放松自己！

卡尔在一家公司销售汽车。由于在业务上的突出成绩，进这家公司才一年多，就被老总提拔为销售部经理。之后，卡尔工作更加勤奋了，事必躬亲，每天忙得四脚朝天。有一天中午快下班的时候，老总叫卡尔中午去吃饭。卡尔去办公室想收拾一下，没想到又被一些事情耽误了，下楼的时候已经十二点过五分了。老板的奔驰车已经在发动，准备开走了。他跑过去对老总说："抱歉，老板，刚才我又听电话又送传真的，事情很多。""吃饭都跟不上，你还能做什么？"老总打断他的话，严厉地说，"放下！你没那么伟大，我说十二点吃饭你就得把它放下。"

那一顿饭，卡尔吃得疙疙瘩瘩，虽然表面若无其事，心里却很委屈，心想我这样为公司卖力，难道也错了吗？

过了一段时间，公司组织了一次旅游，他们来到一个名山古刹。同事们嘻嘻哈哈四处探奇，可是卡尔心里还一直在想着临行前手头没处理完的一大堆事务，还在考虑接下来要怎么做才能保证不会让整个部门的业绩下降，不知不觉地转到了后禅院。

忽然，卡尔看到一个身披袈裟的大师，举着一碗菜，对着一只狗大喊："放下！放下！"他大为惊奇："师父，这只狗的名字叫'放下'吗？"大师说："是的。"他更诧异了："人家的狗都叫小黑、小白、来福什么的，你的狗怎么叫放下？”“你以为我在叫它呀？其实我是在叫我自己。”大师笑着说，“我每天都这样叫自己放下，每天晚上收起脚上床后就打算第二天起不来了，这样该放下的东西也就要放下了。”

大师的话让卡尔突然一阵警醒，是啊，一个人永远不可能做完所有的事，世界上也没有做得完的事。一个真正有成就的人，做事要看大目标，不能天天只看小问题。就像游泳一样，要一边游一边抬头看目标，不要闷着游，撞了墙才知道痛。

后来，卡尔调整了自己的工作方式，教会每一个下属每天做好所有分内的事，而他只掌握大原则。卡尔终于有时间悠闲地端着咖啡上楼下楼了。

专家研究表明：仅仅是辛勤的工作很少会导致疲劳，尤其是那种经过休息或睡眠之后，都不能解除的疲劳。只有忧虑、紧张、心慌才是导致疲劳的三大原因，而我们却常常以为是身体或精神的操劳引起的。

卡耐基也认为：忧虑、紧张和情绪不安，是产生疲劳的三大因素。通常我们认为是由于操心劳力所产生的疲劳，实际上都可以归咎于这三个原因。请放松你那紧张的肌肉，放松你那正在工作的肌肉，储备好你的体力，以应付更重要的责任。

英国著名的精神病理学家哈德菲尔德在其《权力心理学》一书写道：“大部分疲劳的原因源于精神因素，真正因生理消耗而产生的疲劳是很少的。”其实紧张是一种习惯，放松也是一种习惯；仅只劳心的工作，并不会让人感到疲劳。大多数疲劳现象源于精神或情绪的态度；健康状况良好而常坐着工作的人，他们的疲劳 100%是由于心理因素，或是我们所说的情绪因素。

要追求事业的成功，就要学会放松。我们怎么样学会放松呢？

1. 消除紧张感

紧张是一个人的心理因素造成。我们要想在团队中有所成就，首先就要消除这种紧张感，达到身心放松才行。即使紧张是天生的，也要靠人为的努力舒缓紧张。如果紧张感不消除，人就很难放轻松。

2. 保持宁静

宁静是一种调节，一种超脱，一种升华。宁静，既是身外的安静，也是内心的镇静。保持宁静，可以意静守笃，调节身体气血运行的全面平衡，以达到养心健身的良好功效，而且还能全面仔细地考虑问题，有助于处理好周围发生的一切。所以，宁静不仅可以修身养性，也可以调节人的精神。

3. 每天坚持自省

坚持自省，可以检验实行的成效，这样会使你养成一种自我放松的习惯。

4. 大胆想象

要放松自己，最简单最低成本的方式是通过想象，想象一个所喜爱的地方，如大海、高山或自家的小院等放松大脑。把思绪集中在所想象东西的“看、闻、听”上，并渐渐放松，由此达到精神放松。另外一种方法是想象自己在一个封闭的密室中，这里充满了你各种烦恼和压力，然后想象自己把烦恼和压力都留在密室中，自己轻松地从密室出去，享受大自然，紧紧地把密室锁起来。

5. 调节呼吸

调节呼吸是放松自己的好方法，快速进行浅呼吸，为更好放松，慢慢吸气、屏气，然后呼气，每一阶段持续8拍。还可以平躺在地板上，面朝上，身体自然放松。紧闭吸气，最后放松，使腹部恢复原状。正常呼吸数分钟后，再重复这一过程。

6. 加强体育锻炼

体育锻炼是减轻压力的有效途径。体育运动不仅能够让血液循环系统运作更有效率，强化我们的心脏与肺功能，使整个身体免疫系统强大起来，从而有更强的体质去应付生活中随时可能出现的各种压力。在运动中，我们将体会轻松和忘我的境界，享受大自然的美妙，心灵也会在天地相融中被净化。

对于在团队中工作的人们来说，最需要的就是放松。因为，每位团队成员每天要面对来自各方面的压力，如果不适时地解压、放松，很可能将团队成员压倒，这将会为团队带来无法估量的损失。同时，自身也备受精神折磨。因此，不要等到承受不住时才想到补救，要善于在平常自我调节、自我放松。

职业法则 22：改变不良工作习惯，合理安排工作时间

良好的工作习惯会让一个人在工作中事半功倍，反之则事倍功半。团队成员在工作中应主动改变不良的工作习惯，合理地安排工作时间，让自己的工作更有效率，让自身也更有承受力。

你是不是也出现过这样的感受：对着满满的一桌资料，却不知道该如何下手；心里总是感觉有做不完的事情，却没有一个做事的思路？这时的你该怎么办呢？就请尝试一下把桌子收拾整齐，把所有的文件放起来，把重要的事情和紧急的事情放到桌面

上，琐碎的小事先暂且搁置到抽屉里，再试试现在的感觉，一定感到轻松了很多吧。那你也一定从中感受到良好的工作习惯多么重要。那就积极行动起来吧，向不良的工作习惯告别。

有这样一个事例：

芝加哥某大公司的总经理，患了严重的神经衰弱症，向沙特拉博士求医。

正在说话的时候，电话铃响了，医院有事找博士。他马上处理，刚放下话筒，另一部电话又响了，只好离席去接电话，又是很紧急的事，不久，又有位同事找博士征询对某一重病号的处置意见。博士只好把客人干晾在一边长达十分钟之久。当博士向总经理先生致歉时，奇迹出现了。

总经理回答说："没关系，没关系！医生，从你的身上我一下子找到了自己的病根。回公司后，我将立刻改变自己的工作习惯。对了，临走前，可否让我看一下你的办公桌抽屉？"

博士打开抽屉，里面只有一些纸笔之类的用品，而且少得可怜！总经理疑惑地问道："你未处理完的文件呢？未回的信函呢？"

博士说："全都办完了！"

六个星期后，那位总经理盛情地邀请博士到他公司参观，他完全变样了，全身上上下下没有一点儿不适之处。他特地打开抽屉，对博士说："以前，我有两间办公室和三张办公桌，抽屉里堆满了未处理的文件，但我既无暇也无心去处理它们。自从和你作一席谈话之后，我立即将那些旧文件或报告书全部作了清理。现在，我只用一个办公桌，工作一来立即处理，绝不拖延积压。所以，现在我已全无因延滞工作而带来的紧张感和烦恼。"

没有人能永远按照事情的轻重程度去做事。但按部就班地做事，总比想到什么就做什么要好得多。

豪威尔先生曾经是美国钢铁公司的董事。起初，开董事会总要花很长的时间，在会议里讨论很多很多的问题，达成的决议却很少，结果，董事会的每一位董事都得带着一大包的报表回家去看。后来，豪威尔先生说服了董事会，每次开会只讨论一个问题，然后作出结论，不耽搁、不拖延。这样所得到的决议也许需要更多的资料加以研究，也许有所作为，也许没有，可是无论如何，在讨论下一个问题之前，这个问题一定能够达成某种决议，结果非常惊人，也非常有效。所有的陈年旧账都清理了，日历上干干净净的，董事们也不必再带着一大堆报表回家，大家也不会再为没有解决的问题而忧虑。

这就是好习惯使人终身受益的道理。人并非生来就具有某些恶习和不良习惯，而是后天慢慢养成的。对于我们的生活和事业来讲，有些习惯虽然不好，但它可能无碍大事，不会产生直接的冲突和严重危害；而有些则是我们获得幸福与成功的大敌。对于后者，我们应该努力改正，并坚决摒弃，否则，这些恶习会影响我们终生。

西北铁路公司总裁罗兰·威廉斯说过：“那些桌上老是堆满东西的人会发现，如果把你的桌上清理干净，只保留与手头工作有关的东西，这样会使你的工作进行得更加顺利，而且不会出错。我把这一点称为好管家，这也是迈向高效率的第一步。”

白手起家的查理·鲁克曼经过12年的努力后，终于被提升为派索公司总裁。当问及他成功的经验时，鲁克曼说：“就记忆所及，我每天早晨5点起床，因为这一时刻我的思考力最好。我计划当天要做的事，并按事情的轻重缓急做好安排。”

全美最成功的保险推销员之一弗兰克·内特格，每天早晨还不到5点钟，便把当天要做的事安排好了——是在前一个晚上预备的——他定下每天要做的保险数额，如果没有完成，便加到第二天的数额，以后以此推算。

很多时候，恐怕我们并没有弄清楚“忙”的真正意义。“忙”应该是在特定的时间段中朝着特定的目标进行不断努力的生活状态，忙碌可以使我们的生活充实，但是如果只是为了向别人表明“自己很重要”而去忙，那就失去了真正的含义。人很容易掉进自己给自己设置的陷阱里面去，通常这个陷阱都是由虚荣所造成的。

“一寸光阴一寸金”，很多人明白这个道理，只有高效利用时间，不让时间白白流逝才是最重要的。但是，人往往具有某些恶习和不良习惯，但是这并不是生来就有，而是后天慢慢养成的。因此，需要我们努力改正，并坚决摒弃，否则，这些恶习会影响我们终生。

在一个团队中，作为团队成员首先要学会合理安排自己的时间，让工作更具有条理性，这样更有利于提高团队承受力。

团队中如何合理安排工作时间呢？

1. 让条理化的工作节省你的时间和精力

工作无序，没有条理，必然浪费时间。试想，如果一个搞文字工作的人手里的资料乱放，那么本来一天就能搞定的材料，仅仅是找资料便需要花费大半天的时间，岂不是工作效率太低下。有专家提出过这样一条合理化建议，即为“整齐就是效率”。他们比喻说：木工师傅的箱子里各种工具排列有序，不同长度的钉子分别放好，使用起来随手可得，每次收工时把工具放回固定的位置同把工具胡乱丢进箱子里所花费的时间相差无几，而效果却大不一样。

2. 把自己的工作任务清楚地写出来

工作的有序性，体现在对时间的支配上，首先要有明确的目的性。只有明确自己的工作是什么，才能认识自己工作的全貌，从全局着眼观察整个工作，防止每天陷入杂乱的事务中。只有明确办事目的，才能正确掂量个别工作之间的不同比重，弄清工作的主要目标在哪里，防止眉毛胡子一把抓，既虚度了时光，又办不好事情。只有明确自己的责任与权限范围，才能摆脱自己的工作和下级的工作、同事的工作及上级的工作中的互相扯皮和打乱仗现象。

在纸上毫无遗漏地写出你正在做的工作，然后按这些工作的重要程度重新列表。同时要问自己：如果我只能干这个列表中的一项工作，应该做哪件呢？然后再问自己：接下来我该干什么呢？用这样的问题一直问到最后。这样你就自然按照重要性列出了工作一览表。接着，对你要做的每一项工作，写出应该怎样做，并根据经验，在每项工作后面注明你认为最合理最有效的办法——提高效率的方法其实只要多加一个步骤就可以轻松做到。

除了明确你的工作是什么，还要明确每年、每季度、每月、每周、每日的工作及进度，并通过有条理的连续工作，来保证按正常速度执行任务。

3. 进行合理的组织工作

首先要做好选择、区分的工作，剔除那些完全没有什么价值或者只有很小意义的工作，接着再排除那些虽然有价值，但更适合由别人干的工作，最后再剔除那些你认为以后再干也不要紧的工作。

4. 运用化繁为简的工作方法

在工作中，我们常常能够看到有的人善于把复杂的事务简明化，办事又快又好，效率高；而有的人却把简单复杂化，结果只能陷在里面走不出来，工作忙乱被动，办事效率极低。在运用化繁为简的工作方法来提高工作效率时，你可以在每做一件事情之前先问自己三个问题，即三个“能不能”：能不能取消它？能不能把它与别的事情合并起来做？能不能用更简便的方法来取代它？在工作中，为了提高效率，你就必须下决心放弃不必要的或者不太重要的部分，用简便的活动代替那些费时费力的活动。

只有合理安排工作时间，有计划、有目的地去工作，工作效率才会提升上去，而工作效率提升上去，工作稳定，其承受力也自然提高。

职业法则23：以良好的心态适应和接纳不公平

公平与不公平都是相对的。在工作中，每位团队成员难免会遇到不公平对待的时候，这时如何对待不公平将直接导致不同的结果。最好的方法是以良好的心态适应和接纳不公平。

在职场中，并没有完全的公平，因为公平总是相对的，而且公平的标准是掌握在团队管理者手里的，素质高的团队管理者会严格要求自己，尽量做到对下属公平公正，可是真正要做到百分之百公平，不是那么容易。有些素质低的团队管理者，在处理事情时往往感情用事，更不能公正地对待下属。

现实中，很多人都会有这样的想法：我做得多拿的工资反而比别人少；领导怎么不赏识我；我满身才气在这种团队却不受重用；自己的提议总是不被采纳等，这些问题是团队工作中团队成员经常碰到的，那么，面对工作中的不公平，我们该如何应对呢？

1. 解决问题导向

经常与团队管理者和其他团队成员保持沟通，告诉对方自己内心的真实想法，而不是压抑、回避。首先要确定自己工作做得足够好，当你工作上有新的想法，可在广泛调查的基础上，考虑可行性方案后，以书面的形式呈报上级。如果真的一个人干了三个人的活，完全有权形成书面文字要求增加人员或者加薪。这样才可能终止这种“担心—压抑—回避”的行为模式，让自己得以解脱苦闷。

2. 调整自己的心态

职场上并不存在着绝对公平，当内心产生这种不平感时，首先需要检讨自己，到底自己哪里做得不好才会产生不公平，然后对症下药，根据自己的总结改正缺点。我们不是上帝，改变不了别人，那就调整自己的心态，“为所当为，顺其自然”。只要自己做了自己该做的事，就以顺其自然的态度，接受好的或不好的结果，而不是担心害怕，怨天尤人，愤愤不平。

要求生活中的公平是应该的，把公平作为一种人生理念也是正确的，但任何一件事情都不存在绝对的公平。只要心胸放宽，把结果看淡一些，多享受工作过程，就好办多了。

在很多情况下，有些人认为只要勤勤恳恳地努力工作就会受到团队管理者的青睐，那些总是拍团队管理者马屁的人要不没有能力，要不就是图谋不轨。其实这是一种不正确的观点。团队管理者也需要得到别人的尊重与肯定，甚至有时候他的自尊心更强一些。

3. 学会换位思考

要学会重新认识“不公平”事件。例如，自己没有被评上优秀，想想还有很多同自己一样努力过的同事不也没评优吗？

在很多情况下，团队管理者在薪水发放和人员提拔上总是存在不公平的。这其中的原因有团队管理者自身的用人标准和素质决定的。有些业务能力强的人可能薪水不高，多次失去提拔的机会。这时如果一时想不开就会消极怠工，工作也不积极，老是想些管理者对人不公的问题。结果无形中带来很多烦恼，自己幸福感下降，无心工作，最后从技术骨干变为一般员工，吃亏的还是自己，也永远失去了提拔的机会。

如果你学着换位思考，就可以理解，团队管理者在用人上不可能绝对公平。虽然面对不公平，我们工作中照样努力，能力仍然不断提升，永远都有工作的激情，说不准下一次提拔的就是你，即使不提拔，你也永远具备随时被提拔的机会。团队管理者任用谁我们不能左右，但我们让自己具有被提拔的机会我们自己做主。

4. 拒绝抱怨

抱怨是一种负能量，无论是从生理还是心理角度上说都是有害的。有时，大哭一场都比抱怨更有用。既然抱怨是害人害己，那么我们就坦然面对，也许会有另外一种结果。

总之，对于工作中的种种不公平现象，不管你喜不喜欢，都必须接受现实，而且最好是主动去适应这种现实。追求公平是人类的一种理想，但正因为它是一种理想而不是现实，所以除了适应，你别无选择。

团队工作中的不公平并不可怕，可怕的是在不公平的境遇中灭亡。正确面对工作中的不公平，时刻调整好自己的心态，把不公平当作我们奋斗前行的源动力、推进剂。是不公平给了我们继续奋斗的理由，是不公平激励我们前行；因为有了不公平，我们需付出比常人十倍、百倍的努力；因为有了不公平，我们的爱好才更加的广泛。不要把不公平看作是纯粹的坏事，要在不公平中寻找有利于我们发展的新机遇，就当那些不公平是锻炼我们成长的试金石，磨刀石。

职业法则 24：不要为别人的批评而烦恼

工作中，太在意别人批评的人只会将自己局限于狭窄的范围内，从而使自己失去了更广阔的天地。

如果你立志要有一番作为、要成功，那么，在工作的时候，就要学会保持平静的心，不要为别人的批评而烦恼

有这样一个因别人的批评而导致人生失败的故事：

很多年前，有一位很有本事、曾经当过高中校长的人，参加竞选美国中西部某一州的国会议员。这个人的资历很好，又很精明能干，看来他很有希望赢得这项选举。

但是在选举的中期，有一个很小的谣言散布开来：三四年前在该州首府举行的一项教育大会中，他跟一位年轻教师“有那么一点暧昧的行为”。这真是一个弥天大谎，这位候选人感到非常愤怒，尽力想要辩解。

每一次聚会中，他都要站起来极力澄清这项恶毒的谣言。其实，大部分的选民根本没有听过这件事，直到这位候选人自己提出，他们才知道。

结果，这位候选人越声明自己是无辜的，人们却越相信他是有罪的，真是越抹越黑。

群众振振有词地反问：“如果他真的是无辜的，他为什么要百般为自己辩解呢？”如此火上加油，恶化下去，最后他彻底失败了。而且最悲哀的是，连他的太太最后也转而相信谣言了，夫妻之间的亲密关系被破坏无遗。

有许多很有才气的人，都是被恶意的指控所陷害，结果跳进黄河也洗不清了。显然，这位校长对待谣言的手段是不高明的。但聪明人会采取更适当的策略——不辩自明。

大卫·史华兹担任大学教授生涯的早期，曾经有过一次相似的经历。当时他一直蝉联“退学委员会”的主席。这个委员会设立的目的是要订立出一些政策，好让那些成绩太差必须退学的学生有所遵循。

在经过多次的聚会商讨之后，委员会要对全体教职员提出一项报告。史华兹把这个报告交给大会主席以后，就坐回原位了。接着，有一位教授忽然站起来，对这项报告的每一方面都横加批评。他把这个报告形容为“虚弱”、“幼稚”、“正如同作者一样的不成熟”……他所作的批评真是极尽挑剔之能事。

史华兹当时很想立刻反唇相讥，报复一番。但是，还是强迫自己在表面上显得若无其事一般。

他的长篇大论相当于口头报告两倍多的时间，会议主席转而对史华兹说：“史华兹教授，你对这位教授的批评有什么补充说明?”史华兹当即站起来回答：“对于这个报告不能讨好这位教授，我真是感到很抱歉，如果就我自己而言，我想要来一次公开投票。”

随后又有少数几个批评，然后就真的投票表决了。投票结果是4:1支持这项报告，史华兹获胜了。

待散会以后，一位将近有40年大学行政工作经验的资深教授把史华兹拉到旁边，说了一些话：“史华兹，我很高兴你刚才并没有跟他一般见识。你有很充分的理由将他逼得发狂，也可以针对他的指控，以同样方式予以反击。今天在座的每一位同人，都认为他的批评有悖常理。但是只要你一开始顶嘴，马上会丧失别人对你的同情与支持。”

他继续说，“我们都认为自己很文明，但是文明有不同等级的。一个未开化的人，听到他不喜欢的批评时，很快就会使用拳头攻击对方；半文明程度的人，不会使用拳头，而是用嘴巴，用恶毒的语言来反击对方；至于十分文明的人，是不屑于使用拳头与嘴巴来反击的，他只是拒绝反击而已，他深知此时能获胜的唯一方法就是不理会他。”

面对别人的否定和攻击，与其使用拳头与嘴巴来反击，不如拒绝反击，以达到“不战而屈人之兵”的效果。高明的社交家懂得，战胜中伤唯一聪明的做法是拒绝迎战那些明显的谎言！

当年马修布拉还在华尔街美国国际公司担任总裁的时候，有人问他是否对别人的批评很敏感，他回答说：“是的，我早年对这种事情非常敏感。我当时急于要使公司里的每一个人都认为我非常完美，要是他们不这样想的话，就会使我忧虑。只要一个人对我有一些怨言，我就会想法子去取悦他。可是我所做的讨好他的事，总会让另外一个人生气。然后等我想要补足这个人的时候，又会惹恼了其他的人。最后我发现，我越想去讨好别人，以避免别人对我的批评，就越会使我的敌人增加。所以最后我对自己说：只要你超群出众，就一定会受到批评，所以还是趁早习惯的好。这一点对我大有帮助。从此以后，我就决定只尽自己最大的能力去做，而把我那把破伞收起来，让批评的雨水从我身上流下去，而不是滴在我的脖子里。”

林肯要不是学会对那些谩骂置之不理，恐怕他早就受不住内战的压力而崩溃了。他写下的如何处理对待批评的方法，已经成为文学上的经典之作。第二次世界大战期间，麦克阿瑟将军曾经把它抄下来，挂在总部的写字台后面。而丘吉尔也把这段话镶在框子里，挂在书房的墙上。这段话是这样的：“如果我只是试着要去听——更不用说去回答所有对我的攻击，这个店不如关了门，去做别的生意。我尽我所知的最好办法去做，也尽我所能去做，而我打算一直这样把事情做完。如果结果证明我是对的，那么人家怎么说我，就无关紧要了；如果结果证明我是错的，那么即使花十倍的力气来说我是对的，也没有什么用。”

所以，每一个想成功的人都不要为别人的批评而烦恼，太在意别人批评的人都会局限于狭窄的范围内，而让自己失去了更广阔的天地。如果你立志要有一番作为、要成功，那么，请接受我的告诫：不要为别人的批评而烦恼。

虽然我们不能阻止别人不对自己作任何不公正的批评，却可以做一件更重要的事，那就是我们可以决定不要让自己受到那些不公正批评的干扰。

那么，团队成员在现实生活该如何面对别人的批评呢？

1. 学着让自己麻木一点

不要对别人的批评过于敏感，别人愿意说什么就说什么，自己不受到影响即可。如果工作中你越是想去讨好别人避免别人对自己的批评，就越会使自己的“敌人”增加，面对别人的批评，应该做的就是勤奋努力，使自己超群出众，做自己的事，让别人尽管说，当自己作出成绩时他们还能说什么呢？所以自己要习惯这一点，麻木于别人的批评。

2. 不要追求完美

追求完美之人很在意别人的看法，哪怕是别人有一丁点意见，自己也会去完善自己的事情，可是自己回过头来想想，人活一辈子，有多少事情事完美的呢？我们只要做好自己该做的，而不是去可以追求完美。

3. 尽最大努力做好事即可

面对别人的批评，我们不可能去制止，也制止不了，唯一做的是尽最大的努力去做好事情，当自己的事情达到标准之后，又何必去在意他们的看法呢。

4. 别为别人的批评而烦恼

批评是无处不在的，可是当批评成为家常便饭时，你也就习惯了，如果别人批评你一句，自己就烦恼一段时间，那么生活中有多少的时间是不烦恼的呢？我们的时间都去烦恼感慨了，我们又有多少时间去做好事情呢？每一个成功的人士都不会因为别人的批评而烦恼，相反我们应该感谢他们，感谢他们的提醒，让我们少走弯路。

团队是一个集体，这里有形形色色的人，而有人的地方就会有纷争。不论是面对团队管理者或者是其他团队成员的批评或者是议论，我们自己首先要调节好心态，其次是正确对待自己、对待他人，以宽容、平和的心态面对别人的批评和烦恼。等到回头再看时，会发现这些问题都不是问题，它与翻越工作中的高山一比，实在是不值得一提。

职业法则25：管好自己的嘴

团队中能够管好自己的嘴也是一种重要的调节能力，因为“嘴”有时候也是危害工作前途的罪魁祸首。

团队成员忙忙碌碌地在团队里工作，更多的时候是在谈论公事，然而人们说话也不可能光说正事，难免会讲些题外话。这些题外话中就免不了一些“小道消息”、“流言蜚语”。如何面对工作中的小道消息，是每位团队成员成功道路上都会碰到的。处理好了，它就是成功的助推器；处理不好，将会破坏团队的和谐，失去团队成员和团队管理者的信任，危害到你的前途！

有这样一个事例：

安妮是一家知名公司的前台接待员，公司里的大事小情都不能逃过她的眼睛和耳朵，幼稚的她总觉得了解公司内幕多的人很吃香，所以特别喜欢跟着别人传流言。可有一次事情闹大了，公司上层开始来调查了，安妮就成了不折不扣的替罪羔羊，好几个人都指认流言是安妮发布的，结果安妮不仅丢了工作，还给别人留下了极坏的印象。

安妮的错就在于传播流言蜚语，引起了公司上层领导的不安，其下场也就理所当然了。还有一种人，喜欢传播自己的英雄事迹，想以此来博得别人的好感，结果弄巧成拙，搬起石头砸了自己的脚，例如下面这位。

艾莲娜是某公司客户服务部的职员，每次在上下班的班车上她总是和同事唠家常，她不知不觉就把自己如何与婆婆斗智斗勇的故事生动地描绘了出来，听得全班车的人津津有味。

因为女同事们找到了一个榜样：如何与婆婆们战斗。但是殊不知说者无心听者有意，当艾莲娜可能被考虑升迁的时候，办公室就传出了添油加醋的恶媳妇故事，虽说这和工作无关，但是反对她晋升的人理由很充分：连婆婆都敢下狠手，这样的人会对同事友善吗？

艾莲娜本来还天真地以为自己的坦率能博得大家的好感呢，所以才爆料自己家里的婆媳是非。没想到班车上的家长里短居然成了阻碍她事业发展的绊脚石。这让艾莲娜领悟到管好自己的嘴巴才是至关重要的，自己以后再也不能为流言送上现成的素材。

的确，有这样一个现实我们不能否认，似乎有人群的地方就会产生出一些可疑的谣言，而谣言就像夏日里的冰块一样，很容易就融化开来。在一个复杂而忙碌的工作组织中，流言蜚语、小道消息是少不了的。如果一个人刚到一个新的团队上了好多天班，却连一个传言都没听到，会让人觉得是不正常的事。

有人用这样几句话来描述人群中流言的性质："言者捕风捉影，信口开河；传者人云亦云，添油加醋；闻者半信半疑，真伪难辨；被害者莫名其妙，有口难辩。"真是形象逼真至极。"小道消息"，主要包括下面一些类型：

(1) 谣言，即"小人"制造的偏离事实的，甚至无中生有的言论。

(2) 挑拨离间的言论。"小人"为达到目的会在有关人员之间传播言论，意在破坏同事之间的关系。

(3) 阿谀奉承的言论。对有利可图的对象，不加掩饰毫无顾忌地赞扬，溜须拍马。

(4) 阳奉阴违的言论。表面上唯唯诺诺，背地里我行我素、背道而驰。

(5) 趋炎附势的言论。谁得势就依附谁，谁失势就抛弃谁。

(6) 落井下石的言论。如果你深处泥潭，"小人"会推你一把，巴不得你万世不能复生。

(7) 推卸责任的言论。明明自己有责任，却死不承认，想找个人"背黑锅"。

其实，大多数的小道消息都是一些无中生有、以讹传讹的不确切的信息，大部分人还是理智的，他们会对流言蜚语的散布者表示嗤之以鼻。因为流言蜚语的传播，常常闹得物是人非，人心惶惶。如果你是一个流言蜚语的传播者，那么，一旦人们知道后，你将失掉你原有的朋友，并且永远也不会得到其他人的信任。因为，大家知道一旦秘密进入你的耳中，将会被你大肆地传出去，从而不成为秘密，有的甚至会对其他的人造成伤害。于是，所有的人都会对你生出不信任的感觉，你因此而失去的不只是人们告诉你的那些秘密，还有你的人格。

现代团队中，人与事变得越来越错综复杂、微妙神秘，要想完全脱身，置身于一切流言之外是不可能的，几乎很少有人从未被谣言中伤过，但我们必须相信：别人的耳朵和嘴巴长在别人的脸上，不可能管得了；自己的耳朵和嘴巴却是长在我们自己身上，完全有可能控制自己去少听少传。更重要的是，手脚是在自己身上的，自己勤快些做事，以行动成果来对抗流言蜚语是最有效的。总之，有一句话你必须牢记和遵守，就是：自己千万不要成为"小道消息"的传播者。

如果有一天你因类似问题出现在被驱逐名单之上，那么你完全不可能获悉自己被瞄上的真实原因，直至某天他们简单地将你抹去。流言蜚语会令你看上去不值得信赖。当你散播有关团队、团队管理者或者是团队中其他团队成员的流言时，也许自己只是感觉好玩而已，但是事实上，你已经为自己制造了一种"不值得信赖"的危机，而且这种危机会伴随于你在团队的每一天。如果你的管理者或者是上级在休息室中看到你在"八卦"，他们立刻会认为你是在他人背后飞短流长，随即便会感觉，在他人面前你亦是如此议论他们的，这乃是人之常情。他们清楚哪些人会八卦，而哪些人不会。流言不但会使你看上去不值得信赖，信息本身最终也会传入当事人耳中，你的八卦对象由此便会获悉流言出处。

流言蜚语会使你地位不保，流言会令自己暴露在被中伤者的攻击前。它会使你变得极为脆弱，因为其他人会将你道听途说的话语再次进行传播，最后所有人都会认为该话源出于你，即使你并非是始作俑者。倘若该信息具有一定危害性，且团队管理层亦是如此认为，那么你将彻底完蛋。

流言蜚语会传遍团队的每一个角落。当这些话语传到当事人耳中时，他自然而然希望获悉此话从何而来，一旦你的名字上了对方的黑名单，你就等于又为自己树立了一个秘密敌人。

无论你乱言何事，要知道团队管理者对于嘴巴不严的人不会存在丝毫好感。下面事例中的孙程程就是一位没有管理好自己嘴巴的人，而她也因此吃到了苦果。

孙程程是一名才能颇佳、青春靓丽、为众人所认可的员工。因为她对工作的态度十分积极，公司一度考虑将她提升到管理层。然而，此间却出现一个重大问题，即她经常与他人议论各种消息，当然并非全部都是具有负面性的流言蜚语，但至少大部分是。无论喜欢与否，你都可以确定她必然会四处散布“新闻”。她视自己为公司的新闻发言人，这已然成为她与人沟通的首选方式。看似无害的习惯却变成她职业生涯的祸端。

在公司看来，她喜欢四处传播流言的毛病对于公司隐私的威胁，远远超过了她个人的价值。他们感觉孙程程并不值得信赖，如果晋升她的职位，新岗位上诸多敏感信息万一被泄露出去又该怎么办？最终，她的大嘴剥夺了自己的晋升机会，并被默默雪藏于现在的岗位上。

许多年以后，她仍然坚持不懈地创造着令人瞩目的业绩，早已具备晋升的各种条件，但是直至被开除的那一天，她仍然待在原岗位上。她永远想不明白为什么自己总是与升迁擦肩而过，即使她的资历远高于他人。

若你认为自己已经被盯住，或者受到“爱谈闲言”的怀疑，那么你需要立即去做两件事。

1. 远离那些爱传播流言的人

不要让团队管理者看到你与他们混在一起，即使你并未插言只是在倾听而已。因为即便如此，团队管理者亦会觉得你赞同他们的行为，而且会认为你并不值得信赖。

2. 将自己从流言传播的恶性循环中排除

任何流言蜚语传到你的耳中，都不要让它再继续存在。流言止于智者。应该说“哦，我不希望听到任何人再对我讲类似话语”或“我认为你说的那个人一定不希望此事为人所知”。无论你说什么，一定要将自己从流言传播的恶性循环中排除。如果有必要，走出那间屋子，不要惧怕被视作异类或墨守成规的人。听听最新闲话，和成为值得信赖的对象，继而受到提拔，两者之间你会如何加以选择呢？

事实上，无论如何，及时停止传播关于团队的谣言，必然会为你带来一定好处。流言就像是一颗老鼠屎之于一锅粥，再美味的粥，里面掺了一颗老鼠屎，整锅粥也就不再干净和美味。一个制造流言、传播流言的人，会破坏整个团队的团结。团队成员会整天提防他传播自己的隐私，已被流言所扰的人更是无心工作。一个被流言笼罩的团队，战斗力会大打折扣。所以，团队建设要远离流言。记住一句话：管好自己的嘴巴！

第四章　工作中没有不可承受之重

说到工作，自然少不了跌倒与失败，但是有的人在失败中成功了，而有的人却在失败中消失了。其实，这两类人在团队中都占有不少比例。为什么会有两种不同的结果？主要是两类人的承受力不同。其实，工作中没有不可承受之重，关键在于自己本身。

职业法则 26：与其抱怨，不如反求诸己

强者靠自己，弱者靠同情。怨天尤人实在于事无补，倒不如反求诸己。如此，也能从根本上改变工作现状。

生命的天空总是色彩纷呈。面对不幸，面对潦倒，我们所要做的不是怨天尤人，自暴自弃，而应该是不断捕捉生存智慧，学会勇敢和坚强。对于那些习惯抱怨的人，人们常会敬而远之。

细心的人只要留意一下你的四周，就会发现工作中抱怨的人比比皆是。仔细分析之，工作中的确有太多的理由让人抱怨工作辛苦，工资却很低；拼命地工作，领导却无法赏识你；客户难缠，同事不配合……每个人似乎都有不少的麻烦，于是，抱怨成了最好的发泄方式。

可是，抱怨有意义吗？殊不知抱怨是种相当消极的负面情绪，它不仅改变不了根本性问题，反而还会让你陷入更深的情绪泥淖当中。道理很简单，只知道抱怨，而不知道主动去改变的人，在团队管理者和团队成员眼中就是一个软弱无能的人，加薪、晋升自然不会垂青于你。

所以说，抱怨不能解决任何问题，也不能让你成为受欢迎的员工，反而还会阻碍你前进。只有不抱怨，才能够更快乐地工作，才能够创造更高的业绩，才能够让你自己更受益。

索尼公司创始人盛田昭夫曾经说过这么一个故事：

有个叫大贺典雄的东京帝国大学高才生，是一位有才华的青年。他加入索尼公司之后曾多次与盛田昭夫争论，盛田昭夫喜欢这个直言无忌的年轻人，非常器重他。

出人意料的是，后来盛田昭夫居然把大贺典雄下放到了生产一线，给一位普通工人当学徒。这让很多员工迷惑不解，甚至怀疑他得罪了盛田昭夫。有人为大贺典雄感到不平，但大贺典雄只是淡淡一笑。

一年后，更让人大跌眼镜的事情发生了，还是学徒工的大贺典雄居然被直接提拔为专业产品总经理，员工们百思不得其解。

在一次员工大会上，盛田昭夫为大家揭开了谜团：

“要担任产品总经理，必须要对产品有绝对清楚的了解，这就是我要把大贺典雄下放到基层的原因。让我高兴的是，大贺典雄在他的岗位上干得不错。然而，让我坚定提拔念头的是整整一年，他在又脏又累又卑微的工作环境下居然没有任何牢骚和抱怨，而且甘之若饴。”

人们终于明白了其中的原因，不由报以热烈的掌声。5年后，也就是在34岁那年，大贺典雄成为公司董事会的一员。

奥地利小说家茨威格说过：“机会看见抱怨者就会远远避开。”喜欢抱怨的人在这个遵循强者法则的世界中，是没有立足之地的。

巴顿将军曾讲述过这样一个故事：

“我要提拔军官的时候，常常把所有符合条件的候选人集合到一起，让他们完成一个任务。我说：‘伙计们，你们要在仓库后面挖一条战壕，8英尺长，3英尺宽，6英寸深。’说完就宣布解散。我走进仓库，通过窗户观察他们。

“我看到军官们把锹和镐都放到仓库后面的地上，开始议论我为什么要他们挖这么浅的战壕。有的人抱怨说：‘6英寸还不够当火炮掩体。’还有一些人抱怨说：‘我们是军官，这样的体力活应该是普通士兵的事。’最后，有个人大声说：‘我们把战壕挖好后离开这里，那个老家伙想用它干什么，随他去吧。’”

最后，巴顿写道：“那个家伙得到了提拔，我必须挑选不抱怨就能完成任务的人。”

抱怨会限制思维，让视野变得“近视”，把自己局限在抱怨本身上，而不是努力地去适应变化，解决问题。如果每位团队成员都能像大贺典雄一样脚踏实地地工作，从不抱怨，那么所获取的成就也将不可限量。

所以，在面对不利的环境或者困境的时候，我们为什么不能把困顿当作是对自己的一种磨砺呢？与其牢骚抱怨，不如问问自己：在这个不尽如人意的环境里，我能做些什么？强者靠自己，弱者靠同情，怨天尤人实在于事无补，与其抱怨不如改变。少抱怨，多行动，才是应对困境的正确方法。

在团队工作中，很少有团队成员是因为坏脾气或抱怨、嘲弄等消极负面的情绪而获得奖励和晋升。其实，面对困境，怨天尤人是无济于事的，只会让工作现状变得更糟。一个人只有通过努力，不断提高自身能力才能改善处境。

有这样一个故事：

一位著名的厨师在听完女儿对生活的抱怨后，微笑着把女儿带进了厨房，他往三只同样大小的锅里倒进了一样多的水，然后将一根胡萝卜、一个鸡蛋和把咖啡豆分别放进三只锅里，最后他把三只锅放到火力一样大的三个炉子上烧。

20分钟后，在女儿的疑惑中，厨师将煮好的胡萝卜和鸡蛋放在了盘子里，将咖啡倒进了杯子。他指着盘子和杯子问女儿："孩子，说说看，你见到了什么？"

"当然是胡萝卜、鸡蛋和咖啡了。"女儿莫名其妙地说。

厨师又让女儿感受一下这三样东西的变化，女儿虽然疑惑不解，但还是照做了。

女儿感受了三样东西的变化之后，厨师十分严肃地看着女儿说："你看见的这三样东西是在一样大的锅里、一样多的水里、一样大的火上，用一样多的时间煮过的。可它们的反应却迥然不同。胡萝卜生的时候是硬的，煮完后却变得那么软，甚至都快烂了；生鸡蛋是那样的脆弱，蛋壳一碰就会碎，可是煮过后连蛋白都变硬了；咖啡豆没煮之前也是很硬的，虽然煮了一会就变软了，但它的香气和味道却溶进水里变成了可口的咖啡。"

女儿听了父亲的话还是不知什么意思，一脸茫然地望着他。

厨师接着说："孩子，面对生活的煎熬，你是像胡萝卜那样变得软弱无力还是像鸡蛋那样变硬变强，抑或像一把咖啡豆，身体受损而不断向四周散发出香气、用美好的感情感染周围所有的人？简而言之，你应该成为生活道路上的强者，让你自己和周围的一切变得更好、更漂亮、更有意义。"

一番话后，女儿明白了父亲的良苦用心，从此不再无谓地报怨生活，而是坚强地面对一切。

一旦对生活的态度发生改变，生活处境也会随之改变。增强信念，丰富自己的知识，让自己置身于更优越的环境，就能获得更多的机会。但一定要记住，什么事都要努力去做，千万不要以为可以脚踩两只船，把什么便宜都占尽。因为即便你这样做获得成功，也必定是短暂的，而且很快就会失去。同时也必须吸取以前的教训，以免重蹈覆辙。

那么，改变又从哪里入手呢？这就需要先分析产生抱怨的根源。研究发现，工作中产生抱怨的根源主要有以下几个方面：

(1) 职业错位和管理者安置岗位不当；

(2) 急功近利的心态；

(3) 自身能力不足；

(4) 自我推销能力欠缺；

(5) 人品太差，缺乏职业素养；

(6) 人际关系紧张；

(7) 不懂得与时俱进。

要改变，就需要从这七个方面的根源入手，正本清源改变自己的命运。对照自己，检视一下自己目前所抱怨的根源是哪一方面，然后对症下药，努力去改变它。

选择依旧抱怨，抑或抓住机会，关键在于自己。依旧抱怨的话，机会仍旧赶它的路；抓住机会的话，机会会在你的怀抱里朝你会心地微笑。

职业法则27：唯有携手，才能共进

一个人永远不要花100%的力量，而要靠100个人花每个人的1%的力量。这句话尤其适用于团队工作。因为，想要在团队中立足和生存，唯有携手，才能共进，单打独斗是不适合现代发展的社会的。

现实中总会有那么一些人，他们自以为实力强大，便以为凭借个人的能力，完全可以搞定一切，连上司的意见也置若罔闻。殊不知这种心态是最不可取的，简直就是不自量力，因为任何事都不可能仅仅靠自己就能做成。

动物中相信团队力量的不只有狒狒，还有蚂蚁、狼，等等，它们虽比人类低等，但无一不在教育人类——孤掌难鸣，携手才有力量。它们用团队精神，创造了一个个神话。

蚂蚁是地球上最古老的物种之一，和恐龙几乎是同一个时代的。人类曾在有1亿多年历史的琥珀中发现过它们。但，统治地球1亿多年的恐龙灭绝了，小得可怜的蚂蚁却奇迹般地存活了下来。这是为什么呢？下面的例子可以说明原因。

在洪水暴虐的时候，聚在堤坝上的人们只能眼巴巴地“望洋兴叹”。突然，有人惊呼：“看，那是什么？”一个黑团顺着波浪漂了过来，大家正准备在那黑团靠近时营救。

“那是蚁球。”一位老者说，“蚂蚁这东西，很有灵性。有一年发大水，我也见过一个蚁球，有篮球那么大。洪水到来时，蚂蚁迅速抱成团，随波漂流。蚁球外层的蚂蚁，有些会被波浪打落水中。但只要蚁球靠岸，或能碰到一个大的漂流物，蚂蚁就得救了。”不长时间，蚁球靠岸了，蚁群像登陆艇上的战士，一层一层地打开，迅速而井然地一排排冲上堤岸。岸边的水中留下了一团不小的蚁球。那是蚁球里层的英勇牺牲者。它们再也爬不上岸了，但它们的尸体仍紧紧地抱在一起，那么平静，那么悲壮。

动物尚且如此重视团队合作，作为高等动物的人呢？亚里士多德说过：“人类是天生社会性的动物。”一个人的力量是很有限的，很难突破时空、环境的障碍。唯有融入团队，发挥团队的力量才能做得成事情，而客观的环境障碍就再也不成为问题。

美国芝加哥公牛队是篮球史上最伟大的球队之一。1998年7月，它在美国职业篮球总决赛中战胜爵士队后，取得了第二个三连冠的骄人成绩。但公牛队的征战并非所向披靡，而是时刻遇到强有力的阻击，有时胜得如履薄冰。决战的对手常在战前仔细研究公牛队的技术特点，然后制定出一系列对付它的办法。办法之一，就是让迈克尔·乔丹得分超过40。

这听起来挺滑稽，但研究者言之有理：乔丹发挥不好，公牛队赢不了球；乔丹正常发挥，公牛队胜率最高；乔丹过于突出，公牛队的胜率反而下降。因为乔丹得分太多，则意味着其他队员的作用下降。公牛队的成功有赖于乔丹，更有赖于乔丹与别人的协作。

一个人的能力再强，也是有限的，独行侠的时代早已结束。大凡成就丰功伟绩的人都懂得团队的巨大力量。只有懂得优势互补，携手奋斗的人才能在竞争中取得胜利。

甲队和乙队进行攀岩比赛。乙队强调的是齐心协力，注意安全，共同完成任务。甲队在一旁，没有作太多的士气鼓动，而是一直在合计着什么。比赛开始了，乙队在全过程中几次碰到险情，尽管大家齐心协力，排除险情，完成了任务，但因时间拉长最后输给了甲队。那么甲队在比赛前合计着什么呢？原来他们把队员个人的优势和劣势进行了精心的组合：第一个是动作机灵的小个子队员，第二个是一位高个子队员，女士和身体庞大的队员放在中间，殿后的当然是具有独立攀岩实力的队员。于是，他们几乎没有险情地迅速地完成了任务。

千万不要迷信“单打独斗”的力量，这种心态只会害人害己。要想做成更多的事，做成更大的事，只有依靠团队，依靠众多人的合力才能实现。

比尔·盖茨曾说：“我之所以成功是因为有更多的成功人士在为我工作。”牛顿也承认他之所以看得比别人远，是因为他站在巨人的肩膀上。这些成功的人从来不认为自己的成功是靠“单打独斗”得来的。

我们再来看看下边这个反面的例子。

诸葛亮被誉为智慧的化身。三国时期，他作为一国丞相，军国要事，本应授权分理，使下属各司其职，但他凡事事必躬亲。据说，军中账务之类的事情，诸葛亮都要亲自核对。其“鞠躬尽瘁，死而后已”的精神虽然可嘉，但一个人的时间和精力总是有限的，事务过多难免累坏身体，影响健康。当司马懿打听到诸葛亮吃得很少，事情特别多时，就料到诸葛亮活不了多长时间。果然，诸葛亮仅活了54岁就“出师未捷身先死”了。

很多人会问，诸葛亮是千百年来智慧的化身，怎么会成为反面例子呢？试想，如果诸葛亮合理分配手中的权力，依靠集体的智慧和团队的力量，又怎么会出师未捷身先死，导致刘备白帝城托孤成空，阿斗将伟业毁于一旦？如此聪明诸葛亮，尚且不能依靠个人力量成功，何况是平凡的我们呢？

因此只有合作，每一个人才能将自己的才华最大化地施展。团队合作是团队成功的保证，也是个人成功的前提。即使你是一个天才，如果团队精神较差，也不会受到团队的欢迎，自然所取得的成就也肯定有限。想要团队良好合作，需要遵守一定的原则，具体如下：

1. 团队成员间必须充分尊重和信任

尊重和信任是合作的前提，只有建立在相互尊重、相互信任基础上的团队，才能形成和谐的合作氛围，产生良性互动、互相支持的功能。尊重的本质是欣赏，能发现他人的优点和长处。信任的本质是宽容，要善意接纳存在个性差异的他人，包括容忍他人某些方面的缺点和弱处。

2. 保持良好而有效的沟通

毫无疑问，因为个体的差异性团队中必然会有不同的观点。为了更好地合作，团队内部必须保持良好而有效的沟通，每个成员都应该在积极贡献自己的智慧和能力的基础上，积极倾听别人意见，即不管这种意见是自己赞同的还是反对的，倾听者都应投入地、站在说话者的立场上理解信息。交流和沟通应该是双向乃至多向的互通，一方的固执己见往往会造成交流不畅、沟通阻塞，严重的甚至影响团队工作的顺利开展。

3. 准确高效地形成决策

在意见纷扰、观点众多的情况下，能否迅速消除团队成员间分歧形成统一决策，是决定合作成败的关键一环。所谓决策，实际上就是对各种方案、意见进行评价取舍，最后将准确的意见、最优的方案变成团队的统一意志。因此，作为团队中的一员，在团队决策过程中就不应该过分执着与强调个性的表现，有时要试着改变自己的意见和态度，需要互相妥协和认同。若遇到几种意见相持不下时，要善于用科学民主的方式作出抉择。

4. 科学合理地分工协作

通过分工和协作，全体成员得以组成一个团队整体，为了共同的目标，大家自觉地认同必须担负的责任，并愿意为此无条件地坚决执行，这也正是团队精神的基本内涵。合理的分工，默契的配合，高效的协作，是发挥团队威力的保证。团队成员通过分工各司其职、各负其责，通过协作扬己之长、补人之短，从而达到整体绩效大于个体之和的“1+1>2”的效应。

团队合作就是竞争力。随着市场竞争的日益激烈，团队更应加强团队合作，建立团队共识，提高团队承受能力，以达到更高的工作效率。单打独斗的时代已经结束，团队合作的时代已经到来，融入团队，与其他团队成员携手共进，一同开创崭新的未来。

职业法则28：要有面对困境的勇气

困境是工作中常常遇到的，没有任何一个人会在工作过程中是一帆风顺的。既然避免不了，我们就应拿出自己的勇气去勇敢面对它，这样才能打败困境，走出困境。

面对困境，更多地需要勇气，勇敢地面对生活所强加的必须，在困境中，激发了无数人的斗志，也湮没了无数意志软弱的人。人生是公平的，就如大浪淘沙，只有经历了大风大浪的人，才能成为骄傲的沙子。

有这样一个故事：

弗兰克·伍尔沃斯是美国著名的商品零售高手，他于1879年开办了美国第一家零售店。

伍尔沃斯没经商以前生活非常贫困，无论怎么努力，也很难改变困窘的状况。于是，他离开了农场，沿着镇里的店铺挨家访问，想谋求一份店员的工作，然而，老板嫌他没有销售经验，没人愿意雇用他。后来，伍尔沃斯来到一个小副食店，因为没有经验，老板只同意给他提供食宿，但没有薪水。

再后来，伍尔沃斯到了一家布料店，老板认为他没有经验，不能接待客人，于是命令他大清早到店里升炉火燃后擦窗子、送货，而且半年内不能领薪水。伍尔沃斯说，他在农场工作了10

年，才存得了50美元，这些钱只能维持三个月的生活费用，“那么至少从第四个月开始，请付我日薪50美分吧！”

老板答应了，但条件是每天必须工作15个小时，也就是每小时薪金3美分。伍尔沃斯的事业就这样开始了。一年后，伍尔沃斯用借来的300美元，开设了一家商品零售店，销售的全是5美分的货物。十几年后，伍尔沃斯建造了当时世界第一座高楼，即伍尔沃斯大厦。

不论是在生活中还是在工作中，难免会遇到各种各样的困境。每次面临进退的选择，当你感到恐惧和疑虑时，就如同面临一条拦路的小河沟，其实只要抬腿就可以跳过去，就那么简单。在许多困难面前，人需要的，只是那一抬腿的勇气。

下面这个故事可以给我们以启示：

一个周日，帕梅拉和几个朋友去郊外爬山。那天他们玩得很尽兴。不知不觉太阳都快落山了，他们还在山顶。如果原路返回还需要两到三个小时的时间。这时候有人提议说知道另外一条捷径，不到一个小时就可以下山，但是要跨过一条小沟。

望着越来越低的太阳，他们一致同意走近路。

那小沟大概有几米深，沟里是潺潺的溪水，在四月的黄昏里发出响亮而空灵的声音，那种声音让人想到不慎失足掉下去的惨烈……前进还是后退？他们在沟前犹豫了很久。天，一点一点暗了下来。

这时候，一个女孩站了出来，她拿了一根树枝在沟之间比画了一下，然后放在地上，说：“沟就是那么宽的距离，大家跳跳试试看。”大家很轻易地就跳过了那个和沟宽差不多的距离。但是面对溪水哗哗的小沟，有人还是犹豫。女孩第一个跳过去了。大家相互鼓励着，一个个也都跳过去了，包括胆小的帕梅拉。

那个傍晚，他们很快就下了山。而且，他们还发现了一大片粉红嫩白的桃花。在这样一个落英时节，那绚烂的色彩不能不算一道令人惊喜的风景。而下山没多久，雨下起来了，又大又急。此时，他们已经找了一家旅店住了下来。面对窗外的大雨，大家都笑着说："那小沟并没有我们想象中的可怕吧！可怕的只是我们心中的想象。我们一抬腿，不就过来了吗？而世事难料，安全也不是绝对的。如果我们当时选择熟悉的那条路回来，说不定都成了落汤鸡了。"

现实工作中，许多看似"天大"的困境其实都如同故事中的小沟一样，并没有想象的可怕，只要我们有勇气，就一定能够认识它并克服它。

团队工作的过程就像生活的台阶，人们需要在不同的时段站在不同的位置和高度。处于竞争日益激烈的团队竞争中，每位团队成员都需要有足够的勇气去面对困境才行。面对困境，应具备以下几点：

1. 突破现状的勇气

团队成员面对每天的日常生活，总是会渐渐形成一些习惯。从好的一方面来说，这表示对工作逐渐上手、越来越熟练了，碰到各种状况都知道应该如何处理。但是从另一个角度来看，如果每天面对每一个状况，都是用同一种思考模式、同一种方式来处理，这很可能就会成为整个团队前进的障碍。

所以，从现在起应该养成自我挑战的习惯，在别人还没有要求你改变的时候，你自己就已经求新求变了。

2. 追求卓越的勇气

一个人之所以会成为优秀的、卓越的团队成员，关键在于他应是一个有勇气追求卓越的人，不能随便妥协也不随便放弃，对事务非常执着，而且勇气十足地去追求卓越。他当然也可能会遇到挫折，但你不能不佩服他的勇气。

3. 与众不同的勇气

不盲信、盲从、盲目追随流行，不要哗众却宠，更不能为了讨好上级、团队管理者，同时放弃原则或失去立场，不顾理想和正义。

如果总是选择没有反对声音、没有意见，选择不问青红皂白、只站在人多或权力比较大的那一边，的确比较容易过日子，但尽管短时间内日子比较好过，却会让你在未来陷入更大的困境。

4. 原谅别人的勇气

在工作中，不论是与其他团队成员或与客户之间每天都是互动频繁，其中肯定会有不愉快的事情。

当不愉快的事情发生后，往往不见得能够有机会、有时间好好处理，于是多数人只好把这些不愉快放在心里，而且总是忘不了，日积月累，工作就会变得不快乐。

但原谅别人说起来容易，真要做起来却是很困难的。原谅曾经伤害过自己的人真的需要极大的勇气和胸襟，而有这种勇气的人往往朋友也很多。

5. 克服困难的勇气

人们在工作中难免会遭遇种种困难，如人际关系不和、专业能力欠缺。最让上班族气馁的是，往往越是在这种时候越没有人伸出援手，连最应该替你出面的主管也很可能选择袖手旁观。

这时你需要有独立面对并设法克服困难的勇气。俗语说自助者天助之，当你努力设法克服困难的时候，事情也往往会出现转机。

6. 勤于学习的勇气

在工作中有许多可以学习的机会，因此有的人可以单单因为工作中所积累（与学习）的经验，就成为出类拔萃的顶尖好手，可是同样的工作、同样的资历，却有一些人表现平平。其差别就在于“勤”与“勇”否。

“勤”代表主动、积极与努力不懈。除了“勤”之外，还需要勇气。这种勇气是指一种选择一条与别人不同的道路，宁愿孤独也不放弃的勇气。

7. 坚持下去的勇气

每位团队成员在工作中还必须具备能坚持下去的勇气。你可能的确曾经为了真理正义挺身而出，不过久而久之还是妥协了，或者干脆眼不见为净。所以能坚持下去的勇气难能可贵。

不论何时，我们都要有面对困境的勇气，尤其是身处团队之中的团队成员。要知道，自怨自艾是不会带来任何好处的，反而会带来消极的思想，让你和其他团队成员渐行渐远，这是不利于你在团队中生存的。因此，拿出自己的勇气，敢于向困境挑战，也许在挑战的过程发现困境只是一个“纸老虎”，一捅即破。

职业法则29：在工作中提升自我

在任何时代、任何团队，个人的成功，不仅需要个人的努力，更需要个人背后伟大的团队力量，个人只有融入团队中，才能不断地提升自我。

韦伯斯特说过：人们在一起可以做出单独一个人所不能作出的事业，智慧、双手和力量结合在一起，几乎是万能的。孟子也说过“天时不如地利，地利不如人和”。只有人和才能创造无限的可能。

美国职业篮球联赛著名球星乔丹是篮坛的“上帝”，他的个人能力毋庸置疑，但他一样需要团队的协助。乔丹只有和皮蓬、罗德曼、科尔、朗利、库科奇、格兰特等杰出的运动员在一起，才组成了一支无坚不摧的优秀团队，才成就了芝加哥公牛队两个三连冠的霸业。可以说没有乔丹，没有乔丹的团队，也就没有芝加哥公牛队20世纪90年代的辉煌。

可见一个人的成功，不仅需要个人的努力奋斗，更需要团队的合作。在现代社会，个人英雄主义已行不通，一个人只有融入团队才能不断提升，才能获得成功。那么，在团队中、在工作中如何提升自我呢？

1. 保持热诚，全心投入工作

团队成员要想在工作中提升自我，就要对工作一直保持热诚，并展现出自身的活力和进取心。要知道，在团队内能激起其他团队成员工作斗志的人，是团队管理者最想留住或网罗的对象。同时，全心投入工作，不计较多做一些事，更且是自动自发多做一点，而不是每天上班、下班，只把分内工作做好。如果工作中计较得太多的话，你就无法接触其他层面的事，也就无法让自己提升成多职能的人，未来也就很难向上发展。

2. 培养多种能力

在团队内，如果只拥有一种专业能力，那么你很快就会被其他拥有多种能力的人所超越。现在的团队，需要的是会“七十二变的孙悟空”，因此你要培养多种能力。

有专家指出，外界环境变化太快，团队为求生存，必须不断调整经营方向，因此，现如今团队重视的某些专业能力，明天可能变得不重要。这种情况下，只固守一种专业职能的人，如果无法符合团队未来的发展需求，当团队重整、精简人力时，很可能就被裁掉。所以，要在竞争激烈的团队中求生存，捧牢饭碗，需要积极让自己成为多职能人才，增加不同职务上的历练机会。

3. 培养领导能力

领导能力分为两方面，一方面是对内整合团队的人力资源，适才适所，安置每位团队成员在最适合他的职位，整合团队一起达成团队既定的目标；另一方面则是对外整合客户的能力，和客户建立良好关系，为团队创造最大利益。

如果是一直担任专业职务，或目前没有管理经验，可以先争取担任大型专案负责人，练习整合资源、内外及跨部门沟通协调等等能力。

4. 确实的执行力

订出一个好策略固然重要，但是光有策略不够，更重要的是能执行出成效。执行力好的人能将策略马上赴诸执行，并且过程中不断追踪确认，如果发现偏离了团队的目标，就尽快调整修正执行内容，以避免离目标越来越远，浪费团队资源。

5. 良好的沟通能力

不论什么职务和职位，都需要良好的沟通能力，而且借由沟通表达，提高你在团队中的能力。沟通能力的重要性绝不亚于其他专业能力，尤其关系升迁机会。不论开会、参与讨论、和团队管理者面谈或与外面的客户接触，都是锻炼及表现沟通能力的好机会。最好的做法是，事前就主题充分准备，最好事先练习说几次，就不会一下子不晓得怎么开口，或说得条理不清，让人听不出重点。

6. 持续不断学习

所有团队管理者都认为优秀人才必备的条件之一，就是拥有不断学习的能力。尤其大环境不停变动，现有知识很快就不足以应付明日的工作挑战，所以，不断重新学习绝对是必要的。此外，快速学习，并立即运用在工作上也很重要，具备这样能力的人，最受团队青睐。

惠普公司董事长兼首席执行官卡莉·费奥瑞纳女士是从秘书工作开始她的职业生涯的。她是如何提升自我价值，一步步走向成功，并最终从男性主宰的权力世界中脱颖而出的呢？答案是不断在工作中学习。

卡莉·费奥瑞纳学过法律，也学过历史和哲学，但这些都不是她最终成为CEO的必要条件。她并不是学技术出身，在惠普这样一家以技术创新而领先的公司，她是通过自己的不断学习才坐到今天这个位置的。

她说："不断学习是一个CEO成功的最基本要素。这里说的不断学习，是在工作中不断总结过去的经验，不断适应新的环境和新的变化，不断体会更好的工作方法和效率。我在刚开始的时候，也做过一些不起眼的工作，但我还是从自己的兴趣出发，找最合适的岗位。因为，只有我的工作与我的兴趣相吻合，我才能最大限度在工作中学习新的知识和经验。在惠普，不只是我需要在工作中不断学习，整个惠普都有鼓励员工学习的机制，每过一段时间，大家就会坐在一起，相互交流，了解对方和整个公司的动态，了解业界的新的动向。这些小事情，是能保证大家的步伐紧跟时代，在工作中不断自我更新的好方法。”

一个人在工作的过程中，会接触到一些自己不懂或者不熟悉的事情，如果你以与自己暂时没有关系为由将它们放过去，你将会为此付出代价。你应该潜心研究，或者虚心请教他人，直至完全搞明白、完全掌握为止。还有，当你因为机遇获得了一份你当时并不能熟练驾驭的工作，你更要一边工作一边学习，抓紧弥补不足，否则就会栽跟头。

除了在工作中不断学习，你还要不断利用业余时间为自己“充电”。过去那种在大学学习几年一次性“充足电”，然后一生在工作岗位上“放电”的时代已经不复存在，你必须不停地为自己“充电”，及时使自己的知识、能力得到更新和优化，才能成为可持续发展人才。

7. 提高自身修养和人格魅力

没有特长、没有爱好，这是人际交往中的障碍。团队成员应有意识地去选择和培养一些兴趣爱好。共同的兴趣和爱好也是你与其他团队成员建立深厚感情的途径之一。

通常在事业上有所建树的人都不是只会闭门苦读的书呆子，他们大多都有自己的兴趣和爱好。业余爱好不仅是人际交往的一种方式，还可以让大家发掘自己在读书以外的潜能。例如，体育锻炼既可以发挥你的运动潜能，也可以培养你的团队合作精神。如果真的没有什么兴趣爱好，那么，多读些好书丰富自己的知识也可以改进自己的人际交往能里，因为没有什么比智慧和渊博更能体现一个人的人格魅力了。

其实，一个人的自我提升是随时随地都可以进行的。只要在工作中，认真地做好本职工作，多一些耐心和细心，多观察、多总结，相信在潜移默化中你的能力就会得到提升。只有当自身的能力不断提升，才能迎接更多的团队工作，迎接不同的挑战，承受各方面的压力，实现自己的人生价值。

职业法则30：不要怕错、怕失败

工作中，不要怕错、怕失败。错了就改，失败了就再站起来。在错与失败的过程中，我们会离成功越来越近；在错与失败的过程中，我们的心理承受能力越来越强，强到可以迎接任何风雨。

不要怕错、怕失败，因为这一次的错误或者失败，会带来下一次的正确和成功。团队中，有许多团队成员是抱着“多做多错、少做少错、不做不错”的心理工作的，也许“不做不错”的确是不会失败，但是，他也永远不会成功。

在大多数人唯恐失败之际，那些已功成名就之士，却将失败视为一种可“暂时性”化解危机的逆转犯错，所谓“知错能改善莫大焉”，只要知道哪里做错了而能及时改正，那么错误及失败的概率就会减低，人生何尝不是错误中发现真理，在失败中领悟生命。

做错事并不可耻，而必须在错中找到失败的因子，重新面对挑战，在生活中寻找更新的力量，不必为失败或做错事找借口，勇敢面对自己，坦然面对失败，是重新学习的力量。人生本来就是起起落落、跌跌撞撞的，“错了就改，失败再站起来”，只要不倒下，人生就有机会重新开始。

失败是一种过程，成功才是目标，有了过程的艰辛，才有成功的喜悦。有的人因为害怕失败，所以一碰到挫折又退回原来的地方，宁愿平庸却不愿接受考验，就和大部分有鸵鸟心态的人是一样的，即使对现况不满意，也不愿意放手一搏，总是有人会自我安慰或者为自己找借口，通常，这种人都是与成功无缘的。

犯下错误或者是失败之后，如果只想到推诿和逃避责任，那么受到最大伤害的只能是自己。我们必须面对属于自己的问题，归咎于环境或者他人，并不是明智的做法。因为这样做问题并没有得到解决，只会让错误像高利息债务一样，越滚越大，成为横亘在我们人生路途前的一座大山。

美国田纳西银行前总经理特里曾说过一句让人记忆深刻的话：“积极承担错误是一个人最大的力量源泉。”他的意思是说，正视错误，正视失败，你会得到错误和失败以外的东西。最重要的是在为自己的错误积极担负责任的过程中，勇气得到增长。很多人在犯了错误之后，常常是惊呼：“天哪，我惹下大祸了，这该怎么办？”然后不知所措。其实只要正视自己的错误并积极寻求弥补的方案，那么他就会发现，一个错误并没有什么大不了的。正是在不断从错误中汲取经验的过程中，一个人开始变得成熟，有信心和勇气面对失败和挫折，能够坦然承担人生和命运的艰难。

对于错误，只要正视它，总能找到解决和弥补的方法。比尔·盖茨在筑造微软帝国的过程中，犯过的最大的错误就是在1990年新一轮的网络大赛中，犹豫了一下，结果来迟一步，被别人抢了先机。当然，盖茨的错误远不止这些，但他能够及时地发现自己的错误，马上找出错误所在，并立刻作出正确的决定。盖茨没倒下，微软也没倒下。

1876年，一位20来岁的年轻人只身来到芝加哥，他一无文化，二无特长，为了生存，只好帮商店卖起了肥皂。随后，他发现生产发酵粉利润高，立刻投入了自己所有的积蓄购进了一批发酵粉。结果他发现自己犯了一个错误：因为当地做发酵粉生意的远比卖肥皂的多，自己根本不是他们的对手。

眼见着发酵粉如果不及时处置，损失将十分巨大，年轻人一咬牙，决定将错就错，索性将身边仅有的两大箱口香糖贡献出来，凡是来到本店惠顾的客户，每买一包发酵粉，都可以获得赠送两包口香糖。很快地，他手中的发酵粉处理一空。

在随后的经营里，这个年轻人又发现：口香糖在市面上已经越来越流行，虽然是个薄利行业，但因为数目庞大，发展前景要比发酵粉好。他当即脑瓜一转，又集结起所有的家当，把宝押在口香糖上了。营销过程中，他积极听取顾客的意见，配合厂家改良口香糖的包装和口味，后来他感觉这种配合局限性很大，索性倾其所有，自己办起了口香糖厂。

1883年，他的“箭牌”口香糖正式面世。但在当时，市场上口香糖已有十多个品种，人们对这支生力军接受的速度非常慢，他一下子又陷入了困境。这时候，他想了一个更为冒险的招数：搜集全美各地的电话簿，然后按照上面的地址，给每人寄去4块口香糖和一份意见表。

这些铺天盖地的信和口香糖几乎耗尽了年轻人的全部家当，同时，也几乎在一夜之间，“箭牌”口香糖迅速风靡全国。到1920年，“箭牌”已经达到年销售量90亿美元，成为当时世界上最大的营销单一产品的公司。这位惯于“错中求胜”的年轻人，就是“箭牌”口香糖的创始人威廉·瑞格理。

不仅如此，接下来的大半个世纪，“箭牌”口香糖还干过几件忙中出错的事情：20世纪60年代，公司投资一千多万美元成立了保健产品分部，并推出了抗酸口香糖。但由于糖里添加了有争议的药物成分，新产品没上市便被查禁，胎死腹中。为了抢占市场优势，该公司更是投入巨资，大胆收购一些竞争对手，以至于几度陷入严重的经营和生产危机。

昏招迭出的“箭牌”最后的命运如何呢？到今天，“箭牌融入生活每一天”的广告词已经家喻户晓，“箭牌”口香糖也已成为年销售额逾50亿美元的跨国集团公司。

说起成功的奥秘，第三代传人小瑞格理一语道破了天机：那就是“大胆犯错”——须知机遇只有在犯错的过程中才能发现，只有经历错过的尝试，才能清晰地找准成功的方位。

有些人无论做任何事情，都会有前怕狼后怕虎的情绪。做事缩手缩脚，举足不定。他们以为这样做是很保险的，是加上这样做似乎很保险，但是成功的机会也是很少的。因此但凡我们在做任何事情的时候，胆要大心要细。既不要怕犯错误，也要总结自己偶然犯错的经验教训。说不定明天你就会获得巨大的成功。

同时，也不要怕失败，因为失败不是结束。人只有经过失败，并利用失败，才会变得聪明。错误和失败使我们变得更聪明睿智，使我们不断地走向成功、走向未来。

职业法则31：别让想象的困难吓倒

别让想象的困难吓倒。要知道，再高的山，只要一步一步地攀登，也总有登顶的时候；再高的目标，只要努力和勤奋，目标总能实现。

每个人都知道在完成自己的目标之前，多多少少都会遇到困难，但却不是每个人在碰到困难时都会思考：这个困难，到底算不算是“困难”？

有这样一个故事：

玛丽嫁到这座农场来的时候，那块石头就已经在这里了。石头的位置刚好位于后院的屋角，而且是一块形状怪异、颜色灰暗的怪石。它的直径大约一米，从屋角的草地里突出将近两厘米。如果不小心的话，随时都有可能被它绊倒。

有一次，当玛丽使用割草机清除后院的杂草时，不小心碰到了石头，割草机高速旋转的刀片就这样被碰断了。因为常常造成不便，所以玛丽就对丈夫说：“能不能想个办法，把这块石头挖走呢？”

“不可能挖出来的。”丈夫回答，玛丽的公公也表示同意。

“这个石头埋得很深。”公公对玛丽说，“从我小时候，这块石头就在这里了，从来没有人尝试把它挖出来。”

石头就这样继续留在后院里。年复一年，玛丽的孩子们出生，然后成家，接着是玛丽的公公去世，到最后，玛丽的丈夫也去世了。

在丈夫的葬礼过后，玛丽开始打起精神清理房子，这个时候她看见了那块石头，因为它的关系，周围的草坪始终无法生长良好。

于是玛丽拿出了铁铲和手推车，准备花上一整天的时间挖走这块石头。没想到才过了十几分钟，石头就已经开始松动，而且一会儿工夫就被玛丽给挖出来了。原来，这颗石头只不过几十厘米深而已，于是，那块原本每一代都认定没办法移动的石头，就这样简单地被移走了。

如果玛丽没有亲自动手去做，关于这块石头困难的“神话”，或许也就这么继续流传下去了。

困难到底是不是困难，必须动手去做才会知道。如果只会在一旁空想，那么团队中的工作对你而言，将会是个被重重“困难”包围的可怕环境，而你，永远也无法破除困难，往前再进一步！

下面这个故事告诉我们，其实有时候只要走出第一步就会发现困难并没有想象中的那样难。

琼斯大学毕业后如愿进入当地的《明星报》报社任记者。这天，他的上司交给他一个任务：采访大法官布兰代斯。

第一次接到重要任务，琼斯不是欣喜若狂，而是愁眉苦脸。他想：自己任职的报纸又不是当地的一流大报，自己也只是一名刚刚出道、名不见经传的小记者，大法官布兰代斯怎么会接受他的采访呢？同事史蒂芬获悉他的苦恼后，拍拍他的肩膀，说："我很理解你。让我来打个比方——这就好比躲在阴暗的房子里，然后想象外面的阳光多么的炽烈。其实，最简单有效的办法就是往外跨出第一步。"

史蒂芬拿起琼斯桌上的电话，查询布兰代斯的办公室电话。很快，他与大法官的秘书接上了号。接下来，史蒂芬直截了当地道出了他的要求："我是《明星报》新闻部记者琼斯，我奉命访问法官，不知他今天能否接见我呢?"旁边的琼斯吓了一跳。

史蒂芬一边打电话，一边不忘抽空向目瞪口呆的琼斯扮个鬼脸。接着，琼斯听到了他的答话："谢谢你。明天1点15分，我准时到。"

"瞧，直接向人说出你的想法，不就管用了吗?"史蒂芬向琼斯扬扬话筒，"明天中午1点15分，你的约会定好了。"一直在旁边看着整个过程的琼斯面色放缓，似有所悟。

多年以后，昔日羞怯的琼斯已成为了《明星报》的台柱记者。回顾此事，他仍觉得刻骨铭心："从那时起，我学会了单刀直入的办法，做来不易，但很有用。而且，第一次克服了心中的畏怯，下一次就容易多了。"

有时困难在想象中会被放大一百倍，事实上，走出了第一步，就会发现那些麻烦与困难有时只是自己吓自己。

有这样一个事例：

十年前，他在一家不太景气的国企上班，每月只有几百块钱的工资，即便省吃俭用，日子依然过得捉襟见肘。数年来，他们一家三口就局促在一间不足十五平方米的单身宿舍里，除了一台25寸的彩色电视机外，家里几乎找不到一件值钱的东西。

面对这样的困境，他也曾抱怨过，也曾想过另谋他路。可是，一想到不可预知的未来，他就退缩了。毕竟现在还勉强过得去，并且单位买了“五险一金”，将来老了有一份保障。而自己除了做车工，又能干什么呢？弄不好，连一家人的温饱都无法保证。左右掂量，他还是觉得维持现状比较好。

平常，尽管他嘴上抱怨着，心里诅咒着，但他还是日复一日、年复一年地从事着手头的工作。他想，只要自己努力工作，好好表现，将来评了职称，就能涨工资。等攒够了首付的钱，就可以暗揭一套商品房，再简单地装修一下，就能过上比较舒适的生活了。

然而，天不遂人愿，就是这样一个小小的梦想也无法实现。2001年，由于企业经营不善，亏损十分严重，单位不得不裁减人员，以缓解眼前的危机。不幸的是，他被列在了第一批下岗人员的名单中。下岗，这对一个上有老下有小的人来说，无异于晴天霹雳。为了不失去这份工作，他拿出仅有的一点积蓄，买了两瓶好酒，一条好烟，来到领导的家里。他苦苦地哀求领导（就差没给领导下跪了），希望领导能体恤一下他的困难，并将他留下来。领导听后，无可奈何地说，我也没办法，如果不裁员，厂子就保不住。最终，他好话说尽，但还是没能保住这个工作岗位。

那天，他失魂落魄地回到家里，仿佛天塌下来一般，绝望到了极点。他不敢想象失去唯一的生活来源后，以后的日子会是怎样一种凄惨的光景。那段时间，他感到特别失落，特别迷茫，特别恐慌，不知道未来的路在何方。当然，痛苦归痛苦，无助归无助，日子还得继续过下去。无奈之下，他只好面对现实，寻找其它出路。没过多久，他和妻子背上行囊，去了广东打工。

让人意想不到是，十年后，昔日走投无路的下岗工人，不仅解决了温饱问题，还有了豪华别墅、高档轿车。如今，他已是一个集团公司的老总，旗下拥有五家企业，资产达到数十亿元。每每忆及往事，他总是感慨万千，如果不是当初所在的企业裁员，恐怕他现在还是一个碌碌无为的技术工人，过着充满牢骚与抱怨的生活。

原来，平庸与失败背后的推手，不是别人，恰好是我们自己。人生最大的敌人不是失败，而是甘于平淡、安于现状的心。一方面，人们渴望过上美满幸福的生活，而另一方面又害怕改变。人总是习惯于现有的生活状态，而不愿意做出新的尝试，结果故步自封，画地为牢，一辈子被困囿在原地，只能扼腕叹息，坐观他人的成功。其实，改变现状并没有想象的那么困难，那么可怕，只需要付出一丁点的勇气而已。

俗话说："胜败乃兵家常事。"纵观数千年中外军事史，很难找出一位名副其实的"常胜将军"。所谓"百战百胜"，只不过是一句带有夸张色彩的形容词而已。换言之，纵观数千年中外人才史，亦难找出一位名副其实的常胜之才。要想取得胜利，必须学习如何在困境中向前迈进。在困难或危机来临时，你如果下定决心渡过难关，一定会找到解决问题的新途径。

职业法则 32：适当拉近与管理者的距离

有时，工作的压力和困难并不仅仅来自别处，还有来自团队管理者一方。团队成员如果能够适当地拉近与团队管理者的距离，那么，相信工作会顺利许多。

在团队里，除了其他的团队成员之外，与你交往最多的，可能就是你的管理者了。面对管理者，有人惶恐畏惧，有人阿谀奉承——这些都是错误的态度。应该适当地拉近与管理者之间的距离。

你的绩效成绩是由管理者评估；你的提升，需要经过管理者这一关；甚至你的去留，也是由管理者说了算。管理者是团队的掌舵人，和他处好关系，才能和团队步调一致，发挥团队的力量。作为团队成员，你要努力工作来适应管理者，在不违背基本原则的前提下，主动和管理者沟通，而不是逃避管理者，在管理者面前隐身，更甚者，和管理者对着干。

曾经连续三年被评为部门“销售业绩之星”的高小姐近日接到了公司人事部门“不予续签劳动合同”的通知，问及其中原因，答：“在公司里，与管理者处好关系比做什么工作都重要。”用人事专员的话来说，唯一有资格对你的业绩进行综合评判的是你的管理者，你的销售额再高，与整个团队比也是微不足道的。与管理者的对峙，会给团队建设带来很大的阻力，使整个团队人心涣散，销售业绩下滑。换句话说，即便像老黄牛一样勤恳，和管理者的关系处不好，也无法在团队中立足。

在公司里，与管理者搞好关系比较容易立足，并能得到发展机会。和管理者搞好关系有时能换来晋职、加薪这类好事，但这并不是唯一目的和结果。

有这样一个事例：

玲玲原来一直以为，只要凭着踏实本分和做事努力，就一定能够提高业绩，获得企业和客户的认可，所以她总是在拼命工作。奇怪的是，收效并不与付出成正比。偶尔一次，她发现管理者也在做这个工作，但比自己和其他同事更有效率，可是他并没有比其他人更卖力，为什么会这样呢？为了搞明白原因，当别人都与管理者刻意拉开距离时，玲玲却主动找到他，不懂就直接跑去问，甚至争取成为管理者的助理。当了管理者的助理以后，薪水没增加，工作量反而倍增。别人休假时，玲玲还在加班。可辛苦得来的收获就是，跟着管理者学到了许多面对大客户的方法，跟在领导旁看事情，视野也变得不一样，还明白了为什么管理者会如此高效率——对大部分的顾问企业而言，争取新客户是重点活动。但在他的新企业里，尽可能与现有的大客户维持长久关系才是英雄。

不久后玲玲确信，与管理者亲近未必只为拍马升职加薪，保持良好沟通与交流，对提高业绩有很大的帮助，也会增长很多见识。

人要靠两条腿走路，团队中人也不例外。团队成员要想获得更好的发展，业绩和与管理者的关系都不能少。没有业绩而单靠和管理者的关系，你赚不来钱，管理者不做赔本买卖。但和管理者关系不好，即便业绩再好，管理者也不可能放心将大任交给你。现在多数团队都在努力培养团队成员的团队协作精神，而与管理者关系可以说是团队协作精神的一个重要内容。

有些团队成员在工作上面做得很好，但不主动和管理者沟通，所以不被管理者知道，那么，你只能默默无闻地待在原来的位置，很难获得更好的发展。也许，通过下面这个事例，你会有所感悟：

泰安市建筑企业的员工孟万年工作虽然出色，老实正直，但因只知道埋头苦干，缺乏与老板的沟通，因此他根本不在老板的视线之内。

有一次，企业里举行元旦联欢会，老板的兴致非常高，很快加入了员工中间。孟万年见到了老板，一举一动就不自然起来，没过多长时间就逃出老板的视线，独自坐在一个角落里喝饮料。

不知什么原因，孟万年好像天生就有害怕老板的毛病。在走廊上、电梯里或在餐厅里，碰到老板，他都不会主动打招呼，反而迅速离去。即使自己的经理不在，老板有事来到他们的部门，他也缩在一旁，从不主动发言。这样一来，他和老板的距离越来越远。他给老板唯一的印象就是怕事和不主动。

不主动与管理者沟通，可以说是一种对自己极不负责的行为。一个处在管理者视线范围之外的员工，根本就不会有担当重任的机会，又怎么能有成功的可能呢？许多原本十分优秀的员工并没有得到管理者的赏识，其主要原因是由于与管理者过度疏远，没有让管理者了解自己的能力和才华。

和管理者积极而有效地沟通并不等于讨好、谄媚管理者，而是为了在与管理者打交道时能够有的放矢，得心应手，甚至还可以避免冲突、误解和问题的发生。但是切记，不可采用不高尚的手段去赢得管理者的信任，否则，在管理者的眼里你充其量也不过是一个会“拍马屁”的可怜虫，得不偿失。

那么，怎样与管理者搞好关系呢？

1. 要向管理者表明你的忠心

每个管理者都喜欢对自己忠心耿耿的团队成员，所以，你要抓住机会，随时随地向他表明自己的忠心。

比如，听到团队有小道消息流传，不妨悄悄地告诉管理者，以表示自己的忠心。要特别注意自己的措辞和表达方式，言语要简明、直接，比如，可以这样说：“不知你有没有听过这个消息，不过，我想你会有兴趣知道……”

所有的言行都为了向管理者表明：我是你的朋友，我会极力地支持你。管理者会把这份忠心记在心中，对你产生好感。

2. 避免与管理者发生正面冲突

若与管理者发生了正面冲突，最终吃亏的肯定是自己。更加不要当众与管理者争得面红耳赤，因为那样会使矛盾升级。毕竟对方是管理者，当面顶撞会让他因丢失面子而恼羞成怒。应该知道：

（1）只要自身充满自信，无人可以用话语刺伤你，使你产生耻辱感。

（2）一个有修养的人，他不会歇斯底里地破口大骂，能冷静地面对问题。

（3）应该试着改变自己，因为要管理者改变自己的性格几乎是不可能的。

3. 关键时刻能替管理者出力

正所谓，患难见真情。在关键时刻，为管理者出力，管理者才会更加认识和欣赏你，会认为你是忠诚的。人生的机会可遇不可求，绝对不要错过千载难逢的、可以表现自己的大好机会。当某项工作陷入困境时，如果你能挺身而出，肯定能赢得管理者更多的赏识；尤其当管理者深陷泥潭时，你若能妙语安慰，甚至伸手拉他一把，管理者一定会满怀感激。

4. 适时地为管理者辩护

对管理者的是非千万不要评论，更不要在背后议论。当别人说管理者闲话的时候，应该主动地为其辩护，提醒那些批评者：别忘了管理者的优点。只有在相互尊重的氛围下，建设性的意见才能产生。若自己也是抱怨者中的一员，首先应该检讨一下自己。通过自我反省，扎扎实实地做好工作。

5. 不与管理者争功

美好的东西，大家都喜欢。倘若对自己的事业有相当美好的憧憬，就不要斤斤计较，而应该大大方方地将功劳让给身边的人，特别是自己的管理者。与管理者争功是不明智的做法。因为这样做了，即使遇到的是一个非常明智的管理者，将功劳归于你，但是，他的心里肯定会不舒服，对你的印象当然也好不起来。更何况不是每个管理者都是那么明智的。

6. 努力使自己的言行与管理者一致

要求团队成员的言行应该让管理者满意，而且能够竭尽所能地去帮助他。比如，他与某一客户关系始终处理不好，团队成员应该尽力将两者之间的关系缓和。另外，要尽量与管理者保持工作习惯上的一致。如果管理者习惯一边吃午饭，一边看文件，那么，你也应该将自己午餐的时间缩短。

7. 为管理者分担忧愁

作为管理者，工作压力和负担是最大的，所以，团队成员不应该把错误的信息传达给他，增加管理者的负担。对于各种资讯，你首先应该辨识真伪，并从各方面考虑是否有必要告知管理者。

亲近管理者，和管理者搞好关系，更容易领会管理者的意图，工作可以事半功倍；同时，作为团队管理者，也应和成员搞好关系，使成员更好地理解你的意图，更坚定地执行你的指令。管理和团队成员上下齐心，那么团队的力量将是无限的，这样的团队将不可战胜。

第五章 改变思维方式，灵活应变

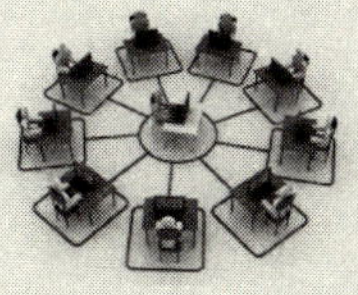

因循守旧，只能故步自封；唯有改变思维方式，灵活应变，才能一路畅通。社会历史的进步创造着新的思维方式，新的思维方式又成为团队前进的催化力量。要想使自己在团队中有所成就，就必须改变思维方式，发挥创造性，学会突破自我，不断创新。敢于突破传统，正是许多人成功的“秘诀”。

职业法则 33：工作要学会变通

梁启超说：“变则通，通则久。”知变与应变的能力是一个人的素质问题，同时也是现代团队工作能力高下的一个很重要的考查标准。

工作时时要学会变通，放弃毫无意义的固执，这样才能更好地工作。坚持是一种良好的品性，但在有些事上，过度的坚持，会导致最大的浪费。

下面这个故事或许能给你以启示：

两个贫苦的樵夫靠着上山捡柴糊口，有一天他们在山里发现两大包棉花，两人喜出望外，棉花价格高过柴薪数倍，将这两包棉花卖掉，足以供家人一个月衣食。当下两人各自背了一包棉花，便欲赶路回家。

走着走着，其中一名樵夫眼尖，看到山路上扔着一大捆布，走近细看，竟是上等的细麻布，有十多匹。他欣喜之余，和同伴商量，一同放下背负的棉花，改背麻布回家。

他的同伴却有不同的看法，认为自己背着棉花已走了一大段路，到了这里丢下棉花，岂不枉费自己先前的辛苦，坚持不愿换麻布。先前发现麻布的樵夫屡劝同伴不听，只得自己竭尽所能地背起麻布，继续前进。

又走了一段路后，背麻布的樵夫望见林中闪闪发光，待走近一看，地上竟然散落着数坛黄金，心想这下真的发财了，赶快邀同伴放下肩头的麻布及棉花，改用挑柴的扁担挑黄金。

他的同伴仍是那套不愿丢下棉花，以免枉费辛苦的论调；并且怀疑那些黄金不是真的，劝他不要白费力气，免得到头来一场空欢喜。

发现黄金的樵夫只好自己挑了两坛黄金，和背棉花的伙伴赶路回家。

走到山下时，无缘无故下了一场大雨，两人在空旷处被淋了个湿透。更不幸的是，背棉花的樵夫背上的大包棉花，吸饱了雨水，重得完全无法再背，那樵夫不得已，只能丢下一路辛苦舍不得放弃的棉花，空着手和挑金的同伴回家去。

在很多时候，我们要学会放弃固执，变通行事。特别是在工作中，当这个方法行不通的时候，就不要再固执己见，不妨换一个角度，换一个方法，也许就柳暗花明找到一个新的工作方法，实现新的突破呢！

有这样一个故事：

有两个和尚决定从一座庙走到另一座庙。他们走了一段路之后。遇到了一条河，由于一阵暴雨，河上的桥被冲走了，但河水已退。他们知道可以涉水而过。

这时，一位漂亮的妇人正好走到河边，她说有急事必须过河，但她怕被河水冲走。

第一个和尚立刻背起妇人，涉水过河，把她安全送到对岸，第二个和尚接着顺利渡河。

两个和尚默不作声地走了好几里路。

第二个和尚突然对第一个和尚说："我们和尚是绝对不能近女色的，刚才你为何犯戒背那妇人过河呢？"

第一个和尚淡淡地回答："普度众生，不分男女老少。"

一个机智的人可以灵活运用一切他所知的事物，还可巧妙地运用他并不了解的事物。能在恰当的时间内把应做的事情处理好，这不只是机智，也可称之为艺术。

有许多满怀雄心壮志的团队成员在工作中都表现得很坚强，但是由于不会进行新的尝试，因而无法成功。请你坚持你的目标吧，不要犹豫不前。但也不能太生硬，不知变通。如果你确感到行不通的话，就尝试另一种方式吧。

下面两个建议一旦和你的毅力相结合，你期望的结果便更易于获得。

1. 拒绝"无能为力"的想法

每年有几千家新公司获准成立。可是 5 年以后，只有一小部分能够继续营运；那些半路退出的人会这么说："竞争实在是太激烈了，只好退出为妙。"他们遭遇障碍时，只想到失败，因此才会失败。

你如果认为困难无法解决，就会真的找不到出路。因此一定要拒绝"无能为力"的想法。

2. 先停下，然后再重新开始

工作中，我们时常钻进牛角尖而不能自拔，因而看不出新的解决方法。成功办事的秘诀是先停下，检查自己的选择是否有偏差，合理地调整目标，放弃无谓的固执，然后再重新开始。

自然界中，种子落在土里长成树苗后最好不要轻易移动，一动就很难成活，但是人不同。人有脑子，遇到了问题可以灵活地处理，用这个方法不成就换一个方法，总有一个方法是对的。做人做事要学会变通，不能太死板，要具体问题具体分析，前面已经是悬崖了，难道你还要跳下去吗？不要被经验束缚了头脑，要冲出习惯性思维的樊笼，执着很重要，但盲目的执着是不可取的。

有一则寓言故事：

战国时期，秦国有个人叫孙阳，精通相马，无论什么样的马，他一眼就能分出优劣。他常常被人请去识马、选马，人们都称他为伯乐。

有一天，孙阳外出打猎，一匹拖着盐车的老马突然向他走来，在他面前停下后，冲他叫个不停。孙阳摸了摸马背，断定是匹千里马，只是年龄稍大了点。老马专注地看着孙阳，眼神充满了期待和无奈。孙阳觉得太委屈这匹千里马了，它本是可以奔跑于战场的宝马良驹，现在却因为没有遇到伯乐而默默无闻地拖着盐车，慢慢地消耗着它的锐气和体力，实在可惜！孙阳想到这里，难过得落下泪来。

这次事件之后孙阳深有感触，他想，这世间到底还有多少千里马被庸人所埋没呢？为了让更多的人学会相马，孙阳把自己多年积累的相马经验和知识写成了一本书，配上各种马的形态图，书名叫《相马经》。目的是使真正的千里马能够被人发现，尽其所才，也为了自己一身的相马技术能够流传于世。

孙阳的儿子看了父亲写的《相马经》，以为相马很容易。他想，有了这本书，还愁找不到好马吗？于是，就拿着这本书到处找好马。他按照书上所画的图形去找，没有找到。又按书中所写的特征去找，最后在野外发现一只癞蛤蟆，与父亲在书中写的千里马的特征非常像，便兴奋地把癞蛤蟆带回家，对父亲说："我找到一匹千里马，只是马蹄短了些。"父亲一看，气不打一处来，没想到儿子竟如此愚蠢，悲伤地感叹道："所谓按图索骥也。"

这个故事出自明朝杨慎的《艺林伐山》，也是成语"按图索骥"的由来。这个寓言有两层寓意，一是比喻按照某种线索去寻找事物，二是讽刺那些本本主义的人，机械地照老方法办事，不知变通。

美国威克教授曾经做过一个有趣的实验：

把一些蜜蜂和苍蝇同时放进一只平放的玻璃瓶里，使瓶底对着光亮处，瓶口对着暗处。结果，那些蜜蜂拼命地朝着光亮处挣扎，最终气力衰竭而死，而乱窜的苍蝇竟都溜出细口瓶颈逃生。

这一实验告诉我们：在充满不确定性的环境中，有时我们需要的不是朝着既定方向的执着努力，而是在随机应变中寻找求生的路；不是对规则的遵循，而是对规则的突破。我们不能否认执着对人生的推动作用，但也应看到，在一个经常变化的世界里，灵活机动的行动比有序的衰亡好得多。

只知道执着的蜜蜂走向了死亡，知道变通的苍蝇却生存了下来。执着和变通是两种人生态度，不能单纯地说哪个好哪个不好。单纯的执着与单纯的变通，二者都是不完美的。只有二者相辅相成才能取得最后的成功，我们要学会执着与变通二者兼顾。

随机应变，灵活变通是一种智慧，这种智慧让人受益匪浅。

孙膑是我国古代著名的军事家，他的《孙膑兵法》到处蕴含着变通的哲学。孙膑本人也是一个善于变通的人。

孙膑初到魏国时，魏王要考查一下他的本事，以确定他是否真的有才华。

一次，魏王召集众臣，当面考查孙膑的智谋。

魏王坐在宝座上，对孙膑说："你有什么办法让我从座位上下来吗?"

庞涓出谋说："可在大王座位下生起火来。"

魏王说："不行。"

孙膑说："大王坐在上面嘛，我是没有办法让大王下来的。不过，大王如果是在下面，我却有办法让大王坐上去。"

魏王听了，得意扬扬地说，"那好，"说着就从座位上走了下来，"我倒要看看你有什么办法让我坐上去。"

周围的大臣一时没有反应过来，也都嘲笑孙膑不自量力，等着看他的洋相呢。这时候，孙膑却哈哈大笑起来，说："我虽然无法让大王坐上去，却已经让大王从座位上下来了。"

这时，大家才恍然大悟，对孙膑的才华连连称赞。

魏王也对孙膑刮目相看，孙膑很快就得到魏王的重用。

在处理问题时，我们总是习惯性地按照常规思维去思考，如果我们能像孙膑那样，学会灵活变通，也许会有一个全新的、不同的、更好的发现。

不仅思考问题要这样，在团队工作中也应该这样。与团队管理者相处的时候尤其要注意灵活变通。团队管理者为什么能成功？其中一个重要因素就是灵活变通，故而跟在他身边的下属，必定要懂得弹性处理法则。所谓灵活变通与弹性处理，跟滑头性格与做事没有原则是不相同的。因时制宜，在某种特殊特定环境之内，配合需求，设计出最好的可行方案，这就是所谓弹性处理。分明已经改了道，此路不通，还偏偏要照旧时那个法子把车开过去，这不是坚持原则，而是蛮干。

通常，团队管理者都喜欢凡事肯变通、会适应的人。因为他不但不用担心这个人会受外在环境影响而情绪有所变化，导致工作质量下降，而且还可以依赖他在非常时期应付一些突发事件，建立奇功。

给青年人的忠告：很多事之所以会失败，是因为没有遵循变通这一成功原则。无论是做人还是做事，都要学会变通。因为，只有变通才会找到方法，才会获得一条捷径。

所谓变通，顾名思义，就是以变化自己为途径，通向成功。我们每天面对层出不穷的矛盾和变化，是刻舟求剑以不变应万变，还是采取灵活机动的变通方式，这是我们要确立的一种做人做事的态度。

学会变通，是做人做事之诀窍。我们如何提高自己的变通能力呢？

1. 审时度势、打破常规

所谓审时度势，就是要明察不同事物相似之处和相似事物的不同之处。作为管理者如何审时度势呢？

（1）有一个良好的心态。

（2）学会换位思考。有位作家讲：“肯替别人想，是第一等学问。”“上半夜想自己的立场，下半夜想别人的立场”。香港著名企业家李嘉诚是一位十分擅长换位思考的人。他有一句名言：“与人合作，你能分到十分，你最好只拿八分或七分，这样你就会有下一次合作。”

（3）善于打破常规。世界著名科学家贝尔纳说：“构成我们学习最大障碍的是已知的东西，而不是未知的东西。”莎士比亚也说：“别让你的思想变成你的囚徒。”爱默生说：“宇宙万物中，没有一样东西像思想那样顽固。”成语作茧自缚，就是习惯按所谓既定的规则行动，结果不敢越雷池一步。对于遵守常规的人来说，一切都是不可能的；而对于一个喜欢打破常规的人来说，一切都是可能的。

2. 借助外力为我所用

一个人不管自恃有多大本事，个人的力量毕竟是有限的，但是却可以借用外力，使自己强大起来，这也算是一种变通。有一则笑话讲一个大汉在大街上喊：“谁敢惹我？”看到这位膀大腰圆的大汉，人们纷纷闪开。这时来了一个更壮的大汉。他走了过去，大叫一声：“我敢惹你！”原先的大汉沉思了一会儿，便回答说：“那好吧，谁敢惹咱俩！”围观的人群本想让两个大汉较量一番，没想到他们竟联合起来。虽然一台好戏没看成，但大家悟出一个道理，借助别人的力量，自己就可以变得强大起来，这就是借的变通术。

3. 要有勇气应对变化

勇气是什么？勇气是一个哨音，一声呐喊，一个命令，它的作用就是调动起自己全部的能力去迎接变化和挑战。有一个美国人曾对数百个百万富翁做过一番调查，发现这些百万富翁并非都是名牌大学毕业的，其中不少人是智力平平者，然而他们创新的勇气却大大超过前者。勇气是人的一种非凡力量，它虽然不能具体地去处理某一个问题，克服某一种困难，但这种精神和心态却能唤醒你心中的潜能，帮助你应对一切变化和困难。

4. 要有信心开发潜能

所谓信心，就是一种心态潜能。一个人对自己充满信心的时候，常常就是他获得成功的时候。有一位心理学家指出："人的天性里有一种倾向：如果将自己想象成什么样子，就真会成为什么样子"。也就是说，如果你是一个充满信心的人，你有信心克服困难，有信心处理问题，有信心获得成功，那么，你身上的一切能力都会为你的信心去努力，你也就有可能成为你希望成为的那样。

5. 善于突破自己的思维定式

人的思维方式，常常出现两大定式：一是直线型，不会拐弯抹角，不会逆向思维和发散思维；二是复制型思维，常以过去的经验作为参照，不容易接受新鲜事物。西方有一句谚语"上帝向你关上一道门，就会在别处给你打开一扇窗。"只要我们不拒绝变化，并且善于变化自己的思维习惯，善于改变自己的观念，我们就能走出困境，进入新的天地。

实践证明，在团队工作中不管你是觉察到还是没有觉察到，不管你是愿意还是不愿意，每个人时时刻刻都在寻求变通。所不同的是，善于变通的人越变越好，而不善于变通的人却是越变越差。我们只要掌握了变通之道，就会应对各种变化，在变化中寻找到机会，在变化中取得成功。

职业法则34：别让经验蒙蔽了双眼

经验是工作中积累的细节，但是我们不能事事都依赖于经验，这样就会让经验蒙蔽了双眼，导致工作一败涂地。

不论是工作还是生活，都离不开经验，经验可以让我们更快、更顺利地解决问题。但是如果事事依赖于经验，不懂得具体问题具体分析，那么经验就会成为你前进的绊脚石。

有这样一则寓言故事：

有一头小毛驴帮主人运货，一次，它背上满满一大袋盐上路了，途中有一条必须从水中走过去的小河，小毛驴小心翼翼地在水中前进，不小心绊了一下，盐袋沾到了水，当它直起身子再向前走时，发现背上的盐轻了许多，并且越来越轻。第二次它背上了一大袋棉花过河，小毛驴借助上次的“经验”故意跌倒，没想到背上的棉花越来越重，小毛驴不但站不起来，还一直往河里沉，直到淹死。

小毛驴之所以被淹死，是因它太看重自己的“经验”，机械地把“经验”套用在棉花上。在生活中，我们不要像小毛驴那样被所谓的经验淹死。工作中，处处充满着经验：你站在山顶看到的景色会更广更远；在太阳高照的时候晒衣服很快会干……然而，经验不一定都能套用，有的经验甚至误导你。

下面这个案例充分说明了这一点：

一家大公司要招聘一名总经理助理，广告刊登后应聘材料像雪花一样飞来。考试那天，当应聘者个个踌躇满志，胸有成竹，显示出志在必得的信心走进考场时，一道这样的题目摆在面前：综合测试题共20小题，时间是3分钟。看到这样的题目，几乎所有的考生都惊呆了。题目虽然简单，但题量多且时间又短，所以大多数考生都一开始就抓紧时间答题，当考官宣布考试结束时，只有三个考生按时交上了试卷。未能交卷的考生又急又气，整个考场像炸开了的锅，考生们纷纷抱怨时间给得太短了，出题一点也不科学等。这时，考官面带笑容走了过来："很遗憾！不过，虽然各位不能进入敝公司的下一轮考试，但不妨把自己手上的试卷带走，做个纪念，再认真看看，或许对你们今后有所帮助。"说完，他很有礼貌地告辞了。

听完考官的话，不少考生拿起手中的试卷继续往下看，只见最后一题这样写着：如果你已经看完了所有的题目，只要在试卷的左上角写下尊姓大名即可交卷。看完后的这些考生中，你看看我，我看看你，陷入了一片沉寂……

是什么使他们这么尴尬、这么悲惨呢？是经验蒙蔽了他们的心智和眼睛，使他们不可避免地陷入了主考官预设的圈套里，是经验使他们与成功擦肩而过……机械地按经验办事，走不出思维定式的人，是注定要碰壁的。

工作中，只有工作方法得当，并积累有足够的工作经验，才能有效地提高工作效率。那什么是"经验"？经验就是：最有效的工作方法、最佳解决问题的办法、最完善的实施方案。但值得注意的是，很多的工作都是有一定的客观原因和产生条件，在处理问题时，绝不能仅仅生搬硬套地套用经验，条件变了，处理方法也要跟着变。而这些变招，就需要在总结工作时，能做得更全面、更完善，做更多的引申分析和对策。

职业法则35：改变团队成员的思维方式

思路决定成败。团队的发展和成功最主要归功于团队成员，如果团队成员的思维方式总是因循守旧、一成不变，团队是很难发展和成功的。因此，作为团队管理者就要想办法改变团队成员的思维方式。

团队必须改变团队成员的思维方式。因为团队要取得成功，必须说服团队成员改变工作方式，而要人们接受这种转变，又必须说服他们改变对自己工作的思维方式。这并不是一项简单的任务。

如果为了实现更高的绩效目标，团队的唯一方法就是全面改变团队成员的行为方式，团队提高竞争力的唯一方法就是彻底改变团队文化，从被动反应到主动出击、从等级分明到平等分权，或者从闭门自省到关注外界。严格说来，一个团队的集体文化就是所有团队和个人思维方式共同点的集合，因此这种转变就意味着要改变所有团队成员的想法。而这也就是最复杂的层面：文化变革。

将所有这些重大发现联合应用于提高绩效的计划中后，团队成员的行为方式实现了惊人的改变。在这种情况下，团队可能会求助于心理学。尽管在解释人们思维和行为方式的成因方面有所突破，但这些见解通常只是零散地应用于团队，并没有获得广泛的效果。将所有这些重大发现联合应用于改善绩效的计划后，团队成员的行为发生了惊人的改变，这种改变源自于全新的思维方式。

绩效改善计划虽然联合应用了所有这些观念，仍然可能与未应用这些观念的计划一样混乱而难以引导。但这些计划更有可能实现商业做法的长期变革，从而持续获得更好的成果。

一般改变思维方式的有四个条件：

(1) 只有当团队成员认识到变革的意义并愿意变革（至少愿意尝试变革）时，他们才会改变自己的思维方式。

(2) 周围的体制（如奖励和认可机制）必须与新的行为协调一致。

(3) 团队成员必须具备进行变革所需的技能。

(4) 最后，团队成员必须看到自己尊敬的人积极示范新的行为。

上述各个条件可以独立实现；但合在一起，就可以改变团队成员对工作中可以实现的目标和应该实现的目标的态度，从而改变他们的行为。

改变团队成员的行动或信念来消除认知失调要有令人信服的目标。如果让团队成员相信团队的总体目标，就会乐于改变个人行为以服务于该目标。事实上，如果不这么做，团队成员就会因认知失调而感到痛苦。但要乐于改变并积极落实，人们必须了解自己的行动对团队发展前景的作用，并相信自己值得为之贡献力量。仅仅告诉团队成员必须改变行为方式是不够的。任何领导重大变革计划的人都必须花时间来构思一个“故事”，即该计划值得推行的理由，并向所有参与变革的人说明这个故事，以便让他们的贡献对个人而言也具有意义。

激励团队成员的因素包括条件作用和积极强化的理论。因此强化体系、报告结构、管理和运营流程以及衡量程序必须与要求人们接受的行为保持一致。如果团队推行新行为的目标没有得到强化，团队成员就不太可能坚持采用这种行为；如果团队花费更多的时间培训初级员工，但培训工作却不记入管理者的绩效记分卡，他们就不太可能为之劳心费力。积极强化“理论”具有持久效应：一经建立，就可以置之不理。但久而久之，也会妨碍团队持续提高绩效：最初强化新行为或为之提供条件的体系和流程，不能保证这种行为的持久性。也就是说，还需要一些变革的支持，这些变革对改变思维方式的其他三个条件起着补充作用。

许多变革计划都会犯同一个错误，即一味激励员工改变行为方式，却不教他们如何将一般指示应用于各自的情况。团队可能会督促团队成员“以客户为中心”，但如果团队过去很少重视客户，团队成员就不知道该如何理解这一原则，或者不知道怎样的结果才算成功。在任何组织中，人们都会模仿“其他重要人士”的行为，这些人在他们心目中很有影响力。在同一个团队中，不同部门或层级的人会选择不同的行为榜样。因此，要持续改变整个团队的行为，仅仅确保团队管理者遵守新的工作方式还不够；每个层级的行为榜样都必须说到做到。榜样处理各自任务的方式可以不同，但行为所体现的基本价值必须一致。

团队中的行为不仅深受行为榜样的影响，还深受人们认同的团队的影响。因此，若要产生持久或深远的影响，个人的榜样作用还必须得到周围团队的认可。变革必须对团队每个层级的关键团队都有意义。将上述四个条件结合并付诸实践，以改变思维方式和行为，从而改善绩效。

职业法则 36：培养和激发思维能力

大多数工作多年的团队成员都会有思维枯竭的感觉，这种感觉是不利于工作的，因此，团队成员就要有意识地培养和激发思维能力，便于自己更好地工作和生活。

创造性思维不是生来俱有的，而是后天认真思考、培养锻炼出来的。那团队成员在工作中培养思维的创造性应该注意些什么呢？其内容主要有三点：

(1) 加强学习的独立性，保持应有的好奇心。

(2) 增强问题意识，在课堂听讲和读书学习中，注意发现问题，提出问题。

(3) 注重思维的发散，在解题练习中进行多解、多变。

创造性思维是人类的高级心理活动。创造性思维是政治家、教育家、科学家、艺术家等各种出类拔萃的人才所必须具备的基本素质。心理学认为：创造思维是指思维不仅能提示客观事物的本质及内在联系，而且能在此基础上产生新颖的、具有社会价值的前所未有的思维成果。

创造性思维是在一般思维的基础上发展起来的，它是后天培养与训练的结果。卓别林为此说过一句耐人寻味的话：“和拉提琴或弹钢琴相似，思考也是需要每天练习的。”因此，我们可以运用心理上的自我调解，有意识地从几个方面培养自己的创造性思维。具体如下：

1. 展开“幻想”的翅膀

心理学家认为，人脑有四个功能部位：

(1) 以外部世界接受感觉的感受区；

(2) 将这些感觉收集整理起来的贮存区；

(3) 评价收到的新信息的判断区；

(4) 按新的方式将旧信息结合起来的想象区。只善于运用贮存区和判断区的功能，而不善于运用想象区功能的人就不善于创新。据心理学家研究，一般人只用了想象区的15%，其余的还处于“冬眠”状态。团队成员要想开发想象力就要从培养幻想入手。想象力是人类运用储存在大脑中的信息进行综合分析、推断和设想的思维能力。在思维过程中，如果没有想象的参与，思考就发生困难。特别是创造想象，它是由思维调节的。

爱因斯坦说过：“想象力比知识更重要，因为知识是有限的，而想象力概括着世界的一切，推动着进步，并且是知识进化的源泉。”爱因斯坦的“狭义相对论”就是从他幼时幻想人跟着光线跑，并能努力赶上它开始的。世界上第一架飞机，就是从人们幻想造出飞鸟的翅膀而开始的。幻想不仅能引导我们发现新的事物，而且还能激发我们作出新的努力，探索，去进行创造性劳动。

团队成员大多数爱幻想，不要觉得这个是缺点，要珍惜自己的这一宝贵财富。幻想是构成创造性想象的准备阶段，也许今天还在你幻想中的东西，明天就可能出现在你创造性的构思中。

2. 培养发散思维

所谓发散思维，是指倘若一个问题可能有多种答案，那就以这个问题为中心，思考的方向往外散发，找出适当的答案越多越好，而不是只找一个正确的答案。人在这种思维中，可左冲右突，在所适合的各种答案中充分表现出思维的创造性成分。1979年诺贝尔物理学奖金获得者、美国科学家格拉肖说：“涉猎多方面的学问可以开阔思路……对世界或人类社会的事物形象掌握得越多，越有助于抽象思维。”比如我们思考“砖头有多少种用途”。我们至少有以下各式各样的答案：造房子、砌院墙、铺路、刹住停在斜坡的车辆、作锤子、压纸头、代尺划线、垫东西、搏斗的武器，等等。

3. 发展直觉思维

所谓直觉思维是指不经过一步一步分析而突如其来的领悟或理解。很多心理学家认为它是创造性思维活跃的一种表现，它即是发明创造的先导，也是百思不解之后突然获得的硕果，在创造发明的过程中具有重要的地位。

有许多伟大的科学家都是直觉思维的代表：

物理学上的“阿基米德定律”是阿基米德在跳入澡缸的一瞬间，发现澡缸边缘溢出的水的体积跟他自己身体入水部分的体积一样大，从而悟出了著名的比重定律。又如，达尔文在观察到植物幼苗的顶端向太阳照射的方向弯曲现象时，就想到了它是幼苗的顶端因含有某种物质，在光照下跑向背光一侧的缘故。但在他有生之年未能证明这是一种什么物质。后来经过许多科学家的反复研究，终于在1933年找到了这种物质植物生长素。

直觉思维在学习过程中，有时表现为提出怪问题，有时表现为大胆的猜想，有时表现为一种应急性的回答，有时表现为解决一个问题，设想出多种新奇的方法、方案等。为了培养我们的创造性思维，当这些想象纷至沓来的时候，可千万别怠慢了他们。青年人感觉敏锐，记忆力好，想象极其活跃，在学习和工作中，在发现和解决问题时，可能会出现突如其来的新想法、新观念，要及时捕捉这种创造性思维的产物，要善于发展自己的直觉思维。

4. 培养思维的流畅性、灵活性和独创性

流畅性、灵活性、独创性是创造力的三个因素。流畅性是针对刺激能很流畅地作出反应的能力。灵活性是指随机应变的能力。独创性是指对刺激作出不寻常的反应，具有新奇的成分。这三性是建筑在广泛的知识的基础之上的。20 世纪 60 年代美国心理学家曾采用所谓急骤的联想或暴风雨式的联想的方法来训练大学生们思维的流畅性。训练时，要求学生像夏天的暴风雨一样，迅速地抛出一些观念，不容迟疑，也不要考试质量的好坏，或数量的多少，评价在结束后进行。速度越快表示越流畅，讲得越多表示流畅性越高。这种自由联想与迅速反应的训练，对于思维，无论是质量，还是流畅性，都有很大的帮助，可促进创造思维的发展。

5. 培养强烈的求知欲

古希腊哲学家柏拉图和亚里士多德都说过，哲学的起源乃是人类对自然界和人类自己所有存在的惊奇。他们认为：积极的创造性思维，往往是在人们感到“惊奇”时，在情感上燃烧起来对这个问题追根究底的强烈的探索兴趣时开始的。因此要激发自己创造性学习的欲望，首先就必须使自己具有强烈的求知欲。而人的欲求感总是在需要的基础上产生的。没有精神上的需要，就没有求知欲。要有意识地为自己出难题，或者去“啃”前人遗留下的不解之谜，激发自己的求知欲。团队成员的求知欲最强，然而，若不加以有意识地转移地发展智力，追求到科学上去，就会自然萎缩。求知欲会促使人去探索科学，去进行创造性思维，而只有在探索过程中，才会不断地激起好奇心和求知欲，使之不枯不竭，永为活水。一个人，只有当他对学习的心理状态，总处于“跃跃欲试”阶段的时候，他才能使自己的学习过程变成一个积极主动“上下求索”的过程。这样的学习，就不仅能获得现有的知识和技能，而且还能进一步探索未知的新境界，发现未掌握的新知识，甚至创造前所未有的新见解、新事物。

激发思维能力，哈佛大学的大卫·乌普顿教授总结了三大秘诀：

1. 不要忽视“理所当然”的事物

有时能够激发创造思维的珍贵的资料就在眼前，我们却往往视而不见。著名探险家史考特·拉夫曾说过这样一句幽默名言：“除非是最笨的老鼠，否则不会躲入猫的耳朵；但除非是最聪明的猫，否则不会搜查自己的耳朵。”

下面便是常见的“忽略理所当然的事物”的例子：

有人研究 20 世纪 60 年代到 70 年代间自行车的发展状况，发现在初期阶段前轮与后轮的大小不一致，但逐渐地，前轮的直径越变越大，而后轮却越来越小。这是由于传动齿轮尚未发明(还没有人想到过)，踏板直接装设在前轮的缘故，以致竟有前轮直径长达 1.5 米的车型出现。

这段历史后来发生奇妙的转变。某些了解脚踏车结构的人寻找更优越、更安全的改良模式，于是联想到将传动链条的技术应用于后轮的转动。H.J.洛逊便是第一个完成这种装配的人。数年内，这种高安全性的便捷车型便广为使用了。

2. 关注别的领域

很多卓越的创意都是创作者从自己的事业领域外找到资料，辗转运用到自己的范围之内而产生。

橄榄球教练库努特·勤克尼在观赏歌舞表演时，由队伍的动态变化构思出著名的“四骑士”后卫防守战略；布里克林由会计学中获得财务分析表的概念，从而设计出名为“维西卡尔容”的微电脑工业程式；在第一次世界大战时，军方的设计家借用毕加索和布拉克的立体画派智慧，构想出枪炮所使用的迷彩；数学家约翰·佛洛伊曼分析玩扑克牌的人惯有的动机，进而开发出成为经济模式的“游戏理论”。托马斯·爱迪生为同事所作的建议的确饶有深意：“要培养经常注意是否有人正利用新鲜有趣的资料进行构思的习惯，至于要如何在自己的问题上活用新资料，则需多方面运用个人的独创力。”

3. 找到更多的资料

两度荣获诺贝尔奖的莱那斯波林说过：“想得到好材料的最佳方法是获得很多材料。”这句极富启发性的话，最初的含义是美材难求。而更积极的诠释则为：不论任何信息，对眼前的问题都可能助益有限，但搜集越广泛，便越接近目的地。因此，真正重要的是尽可能获取大量的“正确答案”，即使未必全派上用场，但请把判断的工作交给法官执行吧，切莫因此压抑探险家旺盛的活力。

通常，摄影工作者在重要的摄影活动中会采用大量拍摄的方式，可能 30 张、50 张，甚至数百张或者更多。他们事先安排妥曝光、照明、滤镜等变因，在不同的设定下大量拍摄，因为他们深知，真正出色的作品可能只有二三帧而已。诚如一位摄影师，坐上一艘捕鲸船，拍下近 850 张照片，但其中真正令他而乐于向朋友展示的，竟只有 11 张而已。

构想出“个人电脑”这个新语汇的电脑学者阿兰凯，就坚信搜索大量材料的价值。他表示：“即使是平时众所公认的强人，在酒后的闲谈中也会吐露，在他所找到的材料中，20 个里面可能有 19 个是不能用的。他们之所以能够想出超越一般人的少数卓见，主要在于优异的想象力，以及材料多寡的差距。”

发明家雷·多鲁比也抱着相同的信念：“发明是一种技术，有些人具备这种技术，有些人则不幸没有。但发明的方法却可以学习，那就是，必须努力抑制自己立刻采用第一个解决方式的冲动。因为很可能在前面不远处，或转弯的地方，有个完美的答案正在等候你。作为一个好的发明家，必须时时如此警惕自己：‘那的确是一个方法，但并非最好的。’并继续锲而不舍地追求。越不愿以一而足的人，越能够发挥创造力和想象力。”

我们每个人都应有意识地培养和激发思维能力，让自己拥有灵活多变的、创造性的思维，以适应不断变化的团队，适应日益激烈的竞争，为自己的成功多一重保障。

职业法则37：敢于冒险，打破常规

常规是束缚创造力的关键，如果我们能够打破常规，冲出重围，我们就可以开启成功的大门；否则，我们永远只能在成功的边缘徘徊。

人们在固定的环境中工作和生活，久而久之就会形成一种固定的思维模式，很容易形成盲从。在管理过程中，当其面对难以解决的问题时，就不能突破定式、打破常规，以超常思维去解决新问题，使问题获得新的解决方案。

哈佛大学第24任校长普西提出："一个人是否具有创造力，是一流人才和三流人才的分水岭。"在各国及各界对人的创造力的重要性给予充分地研究的同时，创造力教育已经在越来越多的国家得到重视。

给予创新意识及创造力如此重要的地位并不为过。美国之所以在世界上具有强大的优势，并不仅仅在于其拥有强大的武器及富足的金钱，而关键在于它拥有一个庞大的人才资源库，而这个资源库是各种创新的发源地。正是这些创新，使美国的各种产品，如军工、航空航天、电子电工、汽车、化工、医学等始终处于世界的领先地位。不仅如此，在产品的开发、销售以及各种活动的组织方面，美国人也是经常出人意料。

如果说在过去，创新是一个个人、一个企业、一个国家生存、发展、成功、领先的基础，那么在将来，这更是一条颠扑不破的真理。道理是显而易见的，随着科技的不断发展，尤其是电脑产品的不断更新换代，人脑将通过电脑来节省大量记忆的时间和精力，人将主要去从事对电脑中所存储的信息进行筛选、分析和归纳；然后对筛选、分析和归纳过的知识、信息进行合成、组合、改变；最后运用个人所特有的创造力对原有的信息、知识在加工改造的基础上形成新的信息和知识产品。同时，随着社会的不断进步，现代科技发展一日千里，谁能创造出满足人类社会需要的新产品，谁就拥有竞争的优势。哪个国家能够在传统上有新的突破，哪个国家的国力就会有突破性的发展；哪个个人能够有符合社会需要的创新，哪个个人就会在事业上有新的发展空间。

在知识日益增值的时代，商品价值已不是劳动者简单体力的物化，而更多的是劳动者创造性智力的转化。劳动者的创造性智力使商品的价值出现几何级数的扩大。因此，个人强烈的好奇心、高度的创新意识、创造欲和较强的创新能力是我们在新时期必须具备的基本素质，增强个人的创新意识和创新能力已经成为时代的最基本的要求。

法国科学家法布尔做过一个有名的“毛毛虫实验”。

法布尔在一只花盆的边缘上摆放了一些毛毛虫，让它们首尾相接围成一个圈，与此同时，在离花盆周围50厘米的地方布撒了一些它们最喜欢吃的松针。由于这些虫子天生有一种“跟随者”的习性，因此它们一只跟着一只，绕着花盆边一圈一圈地行走。时间慢慢地过去，一分钟、一小时、一天……毛毛虫就这样固执地兜着圈子，一走到底。后来，法布尔把其中一个毛毛虫拿开，使其原来的环出现一个缺口，结果是在缺口头一个的毛毛虫，自动地离开花盆边缘，找到了自己最喜欢的松针。

毛毛虫的实验告诉我们，在一个封闭的思维模式里，很容易形成盲从和跟随。

一个胆小怕事的人，无论多么有才干，绝不会成为真正的成功者。一个优秀的头脑不能屈从于陈规，或者因循守旧。真正的成功者从来都是陈规陋习的粉碎者。正是这万里挑一的人物，才能够从芸芸众生中脱颖而出，打破常规，标新立异，以其独特的个性展示，赢得真正的成功。

多年前，在哈佛大学医学院的一次会议上，一个教授愤怒地说："我想不明白，我们为什么要改变学院现有的管理模式。要知道，80年来，我们的学院在这种模式下一直运作良好。"

"我可以回答您的这个问题，"会议主持者、年轻的校长埃利奥特说道，"因为现在来了新校长。"

这位年轻的新任校长只有35岁，大胆而自信，对那些仅仅是因为古老，或者因为已成定规而一直遵行至今的陈规旧律，他可是没有丝毫的敬畏。对于如何管理这所大学，他有着自己全新的观念，他也有勇气、有能力去推行这些观念。作为新任校长，他决心要为这所古老的大学注入新鲜的血液，赋予它崭新的生命，无论要打破什么样的先例，也不管会冒犯哪些人的观点。

年轻的埃利奥特发现，哈佛大学传统的教育体制和宗教体制确实是根深蒂固的，但他无所畏惧，凭借着自己非凡的才干，勇敢地破旧立新。在他的英明领导下，到他离任时，这个原来仅有400名学生的一座神论小学院，已经拥有了6000名学生，并吸收了大量优秀的教师，成为世界上最著名、最有前途的大学之一。

常规是被众多人认定的，但是，能够赢得精彩人生、创造辉煌事业的人，恰恰只是少数。曾经有一位社会学者调查后得出结论：凡是能够成功打破常规的人，几乎都赢得了成功。

有这样一个故事：

查理是一位年过40岁的商人，出生在一个偏远的山区，父母都是农民。查理是一个思维敏捷的人，脑子里成天想着发财的事情。尽管他的想法常常遭到别人的耻笑，但他依然没有放弃。

查理经常到另外一个同样非常偏远的山区去，开始的时候，他只是帮助需要劳力的人家做事，后来，他在这个山区做起了生意。查理发现这个地方的商品交易非常落后，于是就萌发了开一个小型商场的想法。他把这个想法告诉家人后，遭到了反对，他的家人认为那么贫穷的地方，生意必定不会好。但是，查理坚持自己的想法。

事情如他所预想的那样一帆风顺，生意出奇的好。农民们的产品有了正规的交易市场，经济逐渐活跃，市场进入了良性循环。现在，查理已经不得不扩大自己的经营了。

在工作中，我们碰到新问题总是很难彻底解决，原因就在于我们习惯以旧的思维方式解决新问题。其实团队在发展，业务在扩大，很多问题需新方式、新方法去解决，而原来的模式却可能存在很多掣肘。结果，原来的方式一再碰壁，而自己却要投入大量的时间和精力去苦钻。事实上，不是你的方法不对，只是你的方法不能适应目前的规模化作业而已。只要你改变和突破旧有的思维习惯和行事方式就可以了。

艺术大师毕加索指出："创造之前必须先破坏。"破坏什么呢？就是传统观念和传统规则。我们面对日益扩大的业务和生产经营方式，面对瞬息万变的市场环境，只有敢于挑战规则、打破常规、尝试新事物、运用新方法，敢于承担风险才能有所作为，摆脱危机。如果不能打破这种思维定式，会使我们陷入更加危险的境地，重蹈蜜蜂或者毛毛虫的覆辙。因此，我们必须敢于冒险、打破常规。

第六章 信念是承受力的精神支柱

信念是指一个人坚信某种观点的正确性，并支配自己行动的个性倾向。信念是激励一个人按照自己的观点、原则和世界观去行动的思想倾向，是一个人在长期的实践活动中，根据自己的生活内容和积累的知识经过深思熟虑所决定的努力方向和奋斗目标。

司图尔特·米尔曾说过：“一个有信念的人，所发出来的力量，不下于99位仅心存兴趣的人。”信念是强大的精神力量，有了坚定的信念，就能精神振奋、克服困难，甚至生命受到威胁，也不轻易放弃内心的信念。

职业法则38：认识信念

信念是脊梁，支撑着不倒的灵魂；信念是明灯，照耀着期盼的心灵；信念是路标，指引着前进的方向。

不论是在工作中，还是生活中，我们都不应缺少信念。因为它是我们承受一切的精神支柱。那什么是信念呢？简单地说，信念就是意志行为的基础，是个体动机目标与其整体长远目标相互的统一，没有信念人们就不会有意志，更不会有积极主动性的行为。信念是一种心理动能，其行为上的作用在于通过士气激发人们潜在的精力、体力、智力和其他各种能力，以实现与基本需求、欲望和信仰相应的行为志向。

信念强调的不是认识的正确性，而是情感的倾向性和意志的坚定性，它超出单纯的知识范围，有着更为丰富的内涵，成为一种综合的精神状态。信念是认识事物的基点和评判事物的标准。

一般信念具有几个特点，具体如下：

1. 复合性

信念是人的认识、情感、意志的统一体或“合金”。信念中包含有一定的认识，如果没有这些认识或观念，人们就没有相信的对象，从而也就不会有信念。但信念不是冷冰冰的认识现象，它作为人们强烈认同的认识，是与人的感情紧密联系在一起的。坚定的信念往往伴随着炽热的感情。也正因为如此，信念总是在感情的驱使下导致相应的行动。信念不是仅仅深藏于人的内心的东西，它总要向外表现出来，表现为行为和实践意志。在信念的鼓舞下，人们的意志是坚强的，行为是坚决的，而且始终不渝。

2. 稳定性

信念是人们在长期的人生实践中逐步形成的，其中积淀了一个人多年的生活经验，包含了社会环境对他的长期影响。信念一旦形成，是不会轻易改变的。一定的思想观点成为一个人的信念，除了经过理智上的反复认识和深刻认同外，还有感情上的强烈支持。

信念与人格密切相关，信念的稳定是人格可靠的表现。一个随意变自己信念的人，是没有原则的、不可信赖的人。斯大林说过，手帕都不是轻易更换的，更何况人的信念呢！这话在今天仍给人以启示。当然，信念的稳定性不是绝对的，信念作为一种精神现象是对现实的反映，它必然随着客观实际的改变而有所变化。信念的变化并不可怕，只要信念能不断调整和完善自己，与时俱进，它就能从现实中获得更多的支持，从而更有活力。信念正是在现实变化的考验中变得更加完善、更加坚强的。僵化不变、脱离现实的信念往往是最脆弱的，它经不起现实变化的冲击。因此，坚定自己信念的过程是一个与现实相结合、与实践相结合的过程。

3. 执着性

执着性不只是指信念稳定性，而更多地指具有坚定信念的人的精神状态和行为状态的稳定性。我们不能脱离拥有信念的人来考察信念的特点。当一个人抱有坚定的信念时，他就会全身心投入到信念所要求的事业中去。精神上高度集中，对自己相信和追求的事业全神贯注，态度上对自己的事业充满高度的热情，而且在行为上坚定不移、始终不渝。应该说，这正是对待事业和生活的应有态度。只有投身于生活的怀抱，生活才能接纳你。只有全力以赴地为事业而奋斗，成功才会向你走来。当然，信念的执着并不意味着盲目地排外，并不意味着信仰的狂热和失去常的理智，而应该保持比较广泛的社会联系，倾听现实的声音，并保持判断是非的能力。另外，信念的执着是人们对人生大本大源、对社会事业的执着，而不是对个人名利的执着。事实上，当一个人执着于自己的人生信念和理想时，就会超脱个人名利，成为心胸宽阔、精神自由的人。

4. 多样性

信念与理想是紧密相连的，正像理想是多种多样的一样，信念也是多样化的。不同的人由于成长环境和性格等方面的不同会形成不同的信念。即使是同一个人，也会形成关于社会生活不同方面的许多信念，比如在政治、经济、科学、道德、审美、事业、学业、生活等方面，都会形成一些信念。面对信念的多样性，一方面，我们要承认这是正常的现象，不强求信念的一致；另一方面又要看到，在一定的社会中，人们各自的信念有相同之处，从而形成共同的信念，而且同一个人的不同信念之间也往往有内在联系，从而形成信念的体系。如果一个人的许多信念相互矛盾，不能形成一个和谐的整体，那么他在行为选择时就会进退失据、无所适从。事实上，一个人所拥有的许多信念的大小和层次是不同的，有的处于最高的层次，有的处于中间层，还有的处于最低层。它们各安其位，形成有序的信念系统。其中，高层次的信念决定着低层次的信念，低层次的信念服从于高层次的信念。这个信念系统可以说就是这个人的信仰。同时，由于最高层次的信念具有最大的统摄力，我们又往往把它称为信仰。

信念是一种需要，它是激励人按照自己认为正确的观点、原则去行动、去实现目标的一种强大的内在力量。它就像一颗明珠，既能在阳光下熠熠发亮，也能在黑夜里闪闪发光。作为团队成员，应积极树立自己的信念，让自己拥有更为强大的力量，以便迎接更多的风雨。

职业法则39：运用信念的力量

抱持着消极的信念，在工作中都不会取得什么成就；而抱持着积极的信念，才能获得工作上的成功，才能在团队中精彩度过。因为信念是战胜困难和挫折的动力。

有这样一个事例：

1989年发生在美国洛杉矶一带的大地震，在不到4分钟的时间里，使30万人受到伤害。

在混乱和废墟中，一个年轻的父亲安顿好受伤的妻子，便冲向他7岁的儿子上学的学校。他眼前，那个昔日充满孩子们欢声笑语的漂亮的三层教室楼，已变成一堆废墟。

他顿时感到眼前一片漆黑，大喊："阿曼达，我的儿子！"跪在地上大哭了一阵后，他猛地想起自己常对儿子说的一句话："不论发生什么，我总会跟你在一起！"他坚定地挺起身，向那片看起来毫无希望的废墟走去。

他每天早上送儿子上学，知道儿子的教室在楼的一层左后角，他疾步走到那里，开始动手。

在他清理挖掘时，不断有孩子的父母急匆匆地赶来，看到这片废墟，他们痛哭并大喊："我的儿子！""我的女儿！"哭喊过后，他们绝望地离开了，有些人上来拉住这位父亲："太晚了，他们已经死了。"

"这样做无济于事，回家去吧！"

"冷静些，你要面对现实。"

这位父亲双眼直直地看着这些好心人，问道："你是不是来帮助我？"没人给他肯定的回答，他便埋头接着挖。

救火队长挡住他："太危险了，随时可能发生起火爆炸。请你离开。"

这位父亲问："你是不是来帮助我？"

警察走过来："你很难过，难以控制自己，可这样不但不利于你自己，对他人也有危险，马上回家去吧。"

"你是不是来帮助我？"

人们都摇头叹息地走开了，认为他精神失常了。

这位父亲心中只有一个念头："儿子在等着我。"

他挖了8小时、12小时、24小时、36小时，没人再来阻挡他。他满脸灰尘，双眼布满血丝，浑身上下到处是血迹。到第38小时，他突然听见底下传出孩子的声音："爸爸，是你吗？"

是儿子的声音！父亲大喊："阿曼达！我的儿子！"

“爸爸，真的是你吗？”

“是我，是爸爸！我的儿子！”

“我告诉同学们不要害怕，说只要我爸爸活着就一定会来救我们，因为他说过‘无论发生什么，我总会跟你在一起！’”

“你现在怎么样？有几个孩子活着？”

“我们这里有14个同学，都活着，我们都在教室的墙角。房顶塌下来架了个大三角形，我们没被砸着。我们又饿又渴又害怕，现在好了。”

父亲大声向四周呼喊：“这里有14个孩子，都活着！快来人！”

故事的奇迹结局让人觉得庆幸，也为信念能产生如此大的力量而惊叹。其实决定你是否处于最佳状态的因素便是你的信念。当你的心灵只为一种可能的结果所盘踞时，你的心灵将会产生一种魔力。你的思考过程和整个神经系统会将一切的力量都凝聚于产生这个结果。

在著名的“古巴危机事件”中，美国总统肯尼迪正是用他的信念作出了最正确的决定：

肯尼迪担任总统时，美国情报部门突然发现苏联居然在古巴建设导弹基地，并已经完成了百分之九十。

当时，肯尼迪总统非常震怒，除了下令以海军封锁古巴外，并严词警告苏联的当政者赫鲁晓夫说：“古巴就在美国的鼻尖和眼皮，如果你们在此建立了导弹基地，无疑将对美国形成极大的威胁，使美国国民不安与恐慌。你必须下令把它撤走，否则美国将毫不客气地执行拆撤的工作。”

由于肯尼迪总统态度坚决，并不惜发动战争，所以最后苏联终于屈服，把导弹基地撤走了。

这就是有名的“古巴危机事件”，当时美国似乎真的决心一战，不但以舰队封锁古巴，美军也都进入高度的备战状态，可是结果美国没有损失一兵一卒，战争也没发生。肯尼迪总统之所以能把这件危机处理得那么成功，完全是因为他有那种来源于信念的坚定决心。

人是为什么而活？又是什么在支撑着人们努力奋发？其实，这不过就是两个字——信念。信念的力量是伟大的，它支持着人们生活、工作，催促着人们奋斗，推动着人们进步，正是它，创造了一个又一个奇迹。

一个团队的整体士气和信心，主要来源于团队的整体信念，只要信念不死，精神就会永存。每个人心里都有梦想，有的梦想成真，有的梦想破灭了。但是无论如何，不要放弃你的梦想。有很多时候，机遇就在生命的前方等待着，关键是我们要有耐心与恒心。

拿破仑·希尔讲过这样一个故事：

在20世纪30年代，棒球运动联合会表现得非常出色，这一现象在得克萨斯运动联合会中尤为明显。圣·安东尼奥队原本是一支强队，但是在一次联赛中却屡屡败北，在21场比赛中，他们输了18场。

于是，投手责怪捕手，捕手埋怨第一垒球手，第一垒球手又责怪游击手。结果是，大家都在互相埋怨，整个队陷入一片混乱之中。

有一天，这个实力很强却又屡屡战败的棒球队和实力弱的达拉斯队相遇了。在经过一下午的比赛后，达拉斯队以1:0得胜。

圣·安东尼奥队的经纪人——乔希·欧瑞利是一个非常有头脑的人。他非常清楚这个队所具有的实力。他认为他们屡屡战败的原因是由于没有正确的思想态度，总之，他们受了悲观、消极思想的影响。

于是欧瑞利开始寻找治这种“病”的良药。在达拉斯有一个叫斯洛特的人，盛传他有特异功能，可以治好很多病。于是，欧瑞利制定了一个计划。

当第二轮比赛还有一个小时就要开始的时候，欧瑞利采取了行动。他兴奋激动地冲进了俱乐部会所，说：“伙计们，我想出了解决我们问题的办法，不要再担心了，把你们最好的两个球棒给我，我会在比赛开始之前赶回来。今天的比赛我们一定能赢，我们一定能拿到那面奖旗。”他从队员那里拿走了两个最好的球棒，然后，他将这些球棒放进一个独轮手推车里，离开了俱乐部会所。

在离比赛开始还有5分钟的时候，他满脸兴奋地回来了。他高声说：“伙计们，问题已经解决了，大家不用再担心了。我已经请了斯洛特先生为我们的球棒赐福、祈祷了，他说我们只需走进本垒，猛然一击，我们就能击中。今天的比赛我们一定能赢，奖旗也一定是属于我们的。”

他的队员的成绩究竟如何呢？请别忘了，这个队早先曾以0:1输了。但是，改变了思想的球队实在让人刮目相看。圣·安东尼奥队前天才击中了一个球，而今天他们的成绩是22点，击中37个球，其中还包括11个全垒打，最后他们赢得了那面胜利的奖旗。

从这个故事，我们可以判断出是什么影响了他们最后的胜利，队员有了必胜的信念，本身的实力再加上信念，焉能不成功！因此，在任何时候，都不要抛弃你的信念，只要信念在，你就会获得无穷的力量，这个力量可以让你在团队工作中游刃有余，可以让你承受更多的磨难和挑战。

职业法则40：做一个有信念的人

信念像指南针和地图一样，指引出我们要去的目标，并确信必能到达。然而没有信念的人，就像少了马达缺了舵的汽艇，不能动弹一步。所以在人生中，必须要有信念的引导，它会帮助你看到目标，鼓舞你去追求，创造你想要的人生。

世界上没有任何力量像信念这样，影响我们如此巨大。人类的历史，根本就可说是信念的历史。像耶稣、穆罕默德、哥白尼、哥伦布、爱迪生和爱因斯坦等人，他们何尝不是改变历史，也改变我们信念之人。若有人想改变自己，那就先从改变信念开始；如果想效法伟人，那就效法他成功的信念吧!

我们对人类行为知道得越多，就越发现信念影响我们的非凡力量。在许多方面，这股力量的作为与我们所认为的情况背道而驰，尤其是在生理状况方面，信念（也就是内心反映）会控制事实。不久之前，有一宗对精神分裂症的研究，一位具有双重性格的女性，她血液中血糖完全正常，但她相信自己患有糖尿病，结果她的生理状况就真的显示出糖尿病的症候。

有许多人都知道安慰药的作用，它对治病不一定真有效果，多半是用来哄骗病人，使其心理相信，达成治疗效果。

有一宗著名的安慰药研究病例：对象是一群患有溃疡的人。他们被分为二组，研究人员告诉第一组的人，即将服用一种有绝对疗效的新药，对第二组的人说，即将服用尚不知疗效的实验药，然后在不告知实情的情况下，给二组人完全相同没有疗效的药。实验结果，在第一组，70%的人觉得有效，在第二组，只有25%的人觉得有效。差别就在于双方的信念不一样。

威尔医生做过一次研究，结果显示服药者的效果是和他对药效的信念成正比。他发现能让注射安非他命（兴奋剂）的人平静，注射巴比妥盐（镇定剂）的人兴奋。“药的神奇之处是在使用者的心理，不是药物本身。”他下结论道。

以上的例子，说明了一个事实，那就是影响结果最大的是信念。信念不断地把信息传给脑子和神经系统，造成期望的结果。所以，如果你相信会成功，信念就会鼓舞你达成；如果你相信会失败，信念也会让你经历失败。再一次提醒你，不论你说能或不能，你都算对。

团队成员在工作中也经常会遇到各种挫折和压力，有的人承受住了挫折和压力，而有的人则没有。为什么同样的困难和问题会有两种截然不同的结果呢？归根到底，是信念。那些承受住挫折和压力的人都是具有信念的人，因此，想要在团队中立足和生存，就要首先成为一个有信念的人，这样你才能成为一名优秀的团队成员，才能在众人中脱颖而出。

有这样几位老人，她们的精神值得每个遇到挫折和压力就后退的人学习：

有两位智利的老太太，都已经是祖母级的人物了，她们对于飞行有一种渴望，结果在今年3月10日成功飞跃安第斯山脉。

9日，智利国防部长米歇尔·巴切莱特特意为这两名勇攀高峰的老年女性飞行员主持了起飞仪式。而后，她们进行了第一次飞行尝试。但由于天气恶劣，她们在飞行3小时后不得不放弃，并在圣地亚哥附近的一个小机场降落。10日，她们再度驾机升空，成功地飞跃安第斯山脉。

这两名祖母级飞行员一位是64岁的智利社会学家玛丽亚·埃利亚娜·克里斯滕，另外一位是在智利定居的63岁德国飞行讲师马德琳·杜邦。

一般的人，到了她们这个年纪，认为一生差不多也要到头了，很多人都已经整天喊着有毛病，哪里也不想去了，而她们认为一个人能做什么事不在于年龄的大小，而在于怎么个想法。于是，她们在这样的高龄之际还在天空中尝试飞行，拥有无限活力。

还有一位老太太，在70岁之际开始学习登山。随后的25年里一直冒险攀登高山，其中几座还是世界上有名的。她还以95岁高龄登上了日本的富士山，打破了攀登此山的年龄最高纪录。她就是著名的胡达·克鲁斯老太太。

可见，影响我们成败的绝不是什么环境和遭遇之类，而是我们抱持什么样的信念。抱持着消极的信念，一生都不会有什么成就；而抱持着积极的人生信念，这一生才能精彩度过。

那怎样才能成为一个有信念的人呢？不要想得太复杂，在遇到困难的时候，给自己一个希望，给自己一个坚持的理由，这样你就会获得意想不到的收获。

有这样一件发生在大西洋上的事：

"詹姆士"号海轮已经连续航行了十几天，再需半天时间，就将到达目的地。

大副杰克逊也乐滋滋的，马上就可以见到妻子和儿子了。想到这里，杰克逊兴奋地捧起挂在胸前的水壶，"咕咚""咕咚"喝了两口。他又摸了摸上衣口袋里带给儿子的礼物……

就在这时，却发生了谁都不想看到的事情。船舱里冒出股股浓烟！惊慌失措的乘客们从船舱里涌向甲板。

更糟糕的是，海面上刮起了大风，汹涌的波涛将"詹姆士"号摇来晃去。

乘客们绝望地四处逃去，有的"扑通、扑通"跳入水中，有的人被巨浪席卷而去。

杰克逊跑到船舷旁，解开一只救生艇，从水里救出六个人。而"詹姆士"号升起了一团冲天的火球，随即爆发出一声震耳欲聋的巨响……

救生艇被海浪猛烈地推搡着，七个人死死抓住了救生艇，任凭它摇晃、飘荡。直到第二天下午，海面上才渐渐风平浪静。七个幸存者极目四望，海天茫茫，他们不知身在何方。

杰克逊知道，现在还没有脱险，他们面临着更大的危险，不知道什么时候才能被人救起，而他们已经没有食物和淡水了。

现在他们剩下的唯一淡水就是杰克逊胸前的水壶中存储的。而人有七个，在这个茫茫大海中，还不知道要熬多久。杰克逊看了看胸前的水壶，小心地摇了摇，而后他对大家说："给我们生命构成最大威胁的不是没有食物，而是没有水。这里只有满满一壶淡水，它是我们生命的最终保障，是救命的水，我们只有到了生理极限的时候，才能动它。”

说着，杰克逊从腰间掏出一把左轮手枪，继续道：“或许，我们马上就会口干舌燥，我们都会打这壶水的主意……但女士们、先生们要明白，还远远没到我们的生理极限，不到万不得已的时候，谁要敢动它，我会毙了他！”

救生艇继续在海面上漫无目的地随波逐流。第三天早上，太阳一出来就毒辣辣的，中午的时候，大家都被晒得冒了油。爱丽斯夫人突然晕厥过去，大家摇晃着呼唤她，爱丽斯干裂的嘴唇一张一翕，发出低低的声音：“水……水……”

杰克逊搂着爱丽斯的脖颈，贴近她的耳边，轻声说：“夫人，现在还不是最危险的时候，你还不能动这壶‘救命水’，我相信你现在还能顶得住。”

一旁的道格拉斯大叫道：“什么？这还没到时候？你是想渴死爱丽斯夫人吗?”说着，道格拉斯就来抢水壶。

杰克逊迅速放下爱丽斯，从口袋里掏出手枪来，大喝道：“别动！你敢过来，我就一枪打死你！”

道格拉斯被黑洞洞的枪口镇住了，只好不再言语。

而爱丽斯时而昏过去，时而醒过来。她醒过来的唯一的一句话就是：“水……水……”但这丝毫没有打动杰克逊，他握着手枪，护着水壶，也只说一句话：“爱丽斯，再坚持，到需要的时候，我会喂你水的。”

就这样，大家依然在熬着。

第四天来临了，海面风平浪静，但太阳越发来劲。爱丽斯已发不出声音，偶尔张合着乌紫干裂的嘴唇，可杰克逊依然不为所动。

第五天来临了。大家浑身瘫软得像一堆稀泥。

第六个清晨来临了，杰克逊依然在说：“我们都没到最需要的时候，我们还可以坚持。”

中午的时候，所有的人都倒下了，他们像即将渴死的鱼一般，无力地张翕着嘴。

所有的同伴们都一样，已没了动弹的力气。

就在夜幕降临时，远处突然传来了汽笛声。接着，两道刺目的灯光扫射到救生艇上，救援的海轮终于发现了他们。

仿佛有一股力量注入大家的体内，他们终于发出微弱的声音：“救……”而杰克逊嘀咕了一声“上帝啊!”就头一歪昏厥过去。

道格拉斯，众人中最强壮的拳击手，哆嗦着爬到杰克逊跟前，拽过那只水壶，他想灌个痛快。但他感觉水壶太轻，好像没有水。

道格拉斯摇晃着水壶，仍没听见壶里有什么动静。他拧开水壶盖儿，将水壶口朝下，还是没有一滴水……

救生艇上的人得救了。

杰克逊醒来时，发现他们都躺在医院里，道格拉斯正望着他。杰克逊朝道格拉斯点点头，道格拉斯还友好地一笑，说：“大副先生，你是否知道，你守着的那个水壶里根本没有一滴水?”

杰克逊笑着说：“我早就知道里面没有水，但我给你们虚构了一个希望。有了这个希望，你们就会不断地对自己说：‘我总会喝到那壶水的，我能坚持住。’你们自始至终没有喝到水，但你们的心灵被水滋润了。如果你们知道水壶里没有水，你们会觉得没了生存的希望，你们会被绝望打败，生命也会在心灵死亡后消失。”

你瞧，只是一个虚构的希望，但是只要人们相信了，这种信念足以拯救自己的生命。同样地，这个希望或者是理由也可以应用到工作中，就拿找工作来说：

有个年轻人去微软公司应聘，而该公司并没有刊登过招聘广告。见总经理疑惑不解，年轻人用不太娴熟的英语解释说自己是碰巧路过这里，就贸然进来了。总经理感觉很新鲜，破例让他一试。面试的结果出人意料，年轻人表现糟糕。他对总经理的解释是事先没有准备，总经理以为他不过是找个托词下台阶，就随口应道："等你准备好了再来试吧。"

一周后，年轻人再次走进微软公司的大门，这次他依然没有成功。但比起第一次，他的表现要好得多。而总经理给他的回答仍然同上次一样："等你准备好了再来试。"

就这样，这个青年先后5次踏进微软公司的大门，最终被公司录用，成为公司的重点培养对象。

从上面这个故事中，我们可以看出凡是有信念的人，无论做什么事，都会贯彻到底。信念并不是成功人士的专利，也并不是天赋，后天培养也可以。

做一个有信念的人，并非如上天揽月般的难事。就如普通的团队成员，只要在工作中看准一个目标，并坚持不懈，努力做好这件事，日积月累，就是一笔财富。只要有成长的期待，就可以成为一个有信念的人。

做一个有信念的人，为信念而工作、生活，这样的人生才是最充实的，也是最自信的。也许，在团队前进的道路上沼泽遍布，荆棘丛生；也许我们寸步难行，但是只要我们是一个有信念的人，那就坚定而自信地朝前走吧，只要心中充满光明，充满信念，那么迎接你的也将是光明和工作坦途。

职业法则41：坚定信念，迎接所有挑战

勇于向困难挑战的精神，是每位团队成员在团队中获得成功的基础。当你万分羡慕那些有着杰出表现的团队成员，羡慕他们深得团队管理者器重并被委以重任的时候，你一定要明白，他们的成功绝不是偶然的，是因为他们有坚定的信念。

在战争中，士兵的结果只有两个：要么消灭敌人，要么被敌人消灭。那些畏缩不前、只想逃离战场的士兵，肯定会被敌人消灭；那些瞻前顾后、从不主动出击的士兵，最终也将被敌人消灭。

虽然，团队中的情形没有战场那样残酷，但也需要每位团队成员坚定信念，敢于迎接所有挑战，并以乐观和自信的心态面对工作中的一切困难。

事实上，面对困难我们要做到乐观自信并不难，只要平时敢于肯定自己的优点，遇到困难或挫折时，以积极的心态尽快找出解决的办法就可以了。只有对自己充满信心，我们才能在工作中降低失败的概率，高效地完成任务。

有这样一个例子：

罗马曾是欧洲最强大的帝国。罗马人征服了地中海北岸的所

有国家和南岸的一部分国家，他们同时还占有海中的岛屿和现在属于土耳其的小亚细亚。那时凯撒已成为罗马的英雄。他率领大军先后对高卢展开了8次远征，取得了胜利，并两次跨海远征不列颠。

凯撒和他的军队一直对罗马尽忠尽责。但在罗马，他有许多敌人——他们害怕他的雄心壮志，忌妒他的丰功伟绩；每当他们听到有人称赞凯撒为英雄时，便会气得浑身发抖。

这些人中就包括庞培，他是罗马最有权势的人之一。像凯撒一样，他也是一个军队指挥官，但他的军队并没有赢得人们的赞誉。庞培知道，如果不采取行动加以制止，凯撒迟早会成为罗马的主人。于是他开始谋划陷害凯撒。再过一年，凯撒在高卢的任期就要结束了。大家都认为，他届时将返回意大利并被选为罗马共和国的执政官，成为罗马最有权力的人。

庞培和凯撒的其他敌人决定阻止这件事。他们说服罗马的元老院发出命令，让凯撒离开高卢的军队，立即返回罗马。“如果你不服从这个命令，”元老院称，“就将被视为共和国的敌人。”

凯撒知道那是什么意思。如果他单独返回罗马，敌人就会陷害他。他们会以叛国的罪名审判他，不让他当选执政官。他把效忠自己的士兵们召集起来，把有人试图谋害他的阴谋告诉了他们。那些跟随他经历无数风险、帮助他取得无数胜利的士兵们都宣称不会离开他。他们要同他一起前往罗马，帮助他得到应得的奖赏。他们不要军饷，甚至还分担起长途行军的费用。凯撒的军队扬起军旗向意大利进发，士兵们比凯撒更加斗志昂扬，他们为了自己的领袖长途跋涉，不畏艰险。

最后他们来到一条叫作卢比孔的小河边。它是高卢的边界，对岸就是意大利。凯撒在岸边停了下来。他知道越过这条河就等于对庞培和元老院宣战，那将使整个罗马陷入纷争，其结果是无法预料的。“我们还能够回去，”他对自己说道，“我们身后是安全的。一旦越过卢比孔河，我们就不能再回去。我必须在这里作出决定。”

他没有迟疑太久。他发出命令，勇敢地纵马穿过这条浅浅的小河。“我们越过了卢比孔河!”当到达对岸时他大声喊道，“我们不会再回头!”

消息一路传到了罗马：凯撒越过了卢比孔河。一路上，每个城镇和村庄的人们都出来欢迎归来的英雄。离罗马越近，他受到的欢迎就越热烈。最终凯撒和他的军队到达了罗马城。没有军队出来迎战，凯撒没有遇到丝毫抵抗就开进了罗马城。庞培和他的同伙早已逃走了。

团队成员在工作中，有时难免会由于时间紧迫或者任务量大，遇到一些看起来难以完成的任务。这时候，我们是被困难吓住，逃避困难，成为困难大山脚下的小矮人呢，还是无论多困难都要翻山越岭，最终看到大山那一边的风光呢？人人都想得到第二种结果，可并不是人人都能翻越崇山峻岭。特别是一个团队，如果不是每个成员都有一种不达目的不罢休的精神，这样的团队是不会看到胜利的曙光的。

下面有一个真实的事例，也许通过这个事例你可以得到一些启示：

2007年4月1日是个星期日，但对曲棍球场项目部的人来说已经没有休息日了。晚上6点多，在曲棍球场工地旁临时搭建的生活区会议室里，项目部里的党员们面色沉重地围坐在一起。有的人手中点着烟，却一口都没有抽。

王兴光随手抽出一个小本，写下了面临的问题：67家采购单位要进场，26家专业分包商要进场，7家劳务公司要进场……各方面都要进场安装，而距“好运北京”系列赛前交付使用的期限已经不到4个月了。

“工期已经很紧了，工作量太大，工序太多，已经排不下了。”面对这么短的工期，这么烦琐的工作，执行经理牛小圈挠了挠头。他是个公认的硬汉子，多大的施工难题他也没服过软。不过，这次他深感压力巨大。

尽管如此，大家在潜意识中非常明白，根本没有退路。项目总工程师彭爱京狠狠地抽了一口烟，说：“排不下也得干！我就不知道有什么是咱们干不了的事！”

支部生活会变成了攻关专题会。3个多小时后，每个人都像打了强心针一样走出来。在随后的施工协调中，项目部想出了一个巧妙的方法：在每个工序进来以后，都挑一个功能用房施工，作出“样板间”，项目部再根据施工的时间和条件算出最合适的方案，保证施工的顺序和进度。

这个方法确实很有效，曲棍球场的工程如期竣工了。

曲棍球场的工程如期竣工，靠的是什么？靠的就是项目部成员们想尽一切办法都要完成任务的信念。办法总会有的，就看我们想不想动脑筋去发现。一切困难在勤于思考的人面前都是可以克服的。只有想尽一切办法克服困难、保证完成任务的人，才能体会到什么叫风雨之后见彩虹。

工作中，无论是个人还是团队都需要有不怕困难、勇往直前的精神。一个人，有了勇气，就可以走出人生的低谷，走向人生的一个又一个辉煌；而一个团队，有了坚强的信念，就会越挫越勇，在跨越一个又一个的障碍后，变成打不垮的钢铁团队。

职业法则42：信念是执着的过程

团队工作中，只有拥有信念并坚持不懈地执着努力才能实现自己的梦想，团队的目标。如果只有信念而没有执着的过程，那么，信念就不能成为信念，而是幻想。

成大事不在于力量的大小，而在于能坚持多久。所以一个人，不可以没有信念与执着。人生只有拥有信念与执着才会显得完美！信念是情感的倾向性和意志的坚定性，执着则是需要克服困难与逆境的信念的热情。具有强盛生命力的信念与执着相得益彰，互为表现。执着是信念的执着，信念是执着的过程。

有这样一个小故事：

小盲人跟着老盲人学弹琴，他们弹着琴弦，相互搀扶着四处流浪。

小盲人问老盲人："师傅，我们的眼睛还有复明的希望吗？"

"当琴弦弹断到1000根时，我们的眼睛就可以复明。"老盲人说。

可老盲人一生只弹断了999根琴弦就去世了，他没有见到光明。

小盲人沿着老盲人指点的道路继续走下去，岁月让他变成老盲人。

老盲人也带了一位同样的小盲人，给他讲述了同样的信念。

终于有一天，老盲人拼尽力气弹断了1000根琴弦。小盲人激动地问道：

“师傅，你看到光明了吗？”

可老盲人眼前仍然一片漆黑，师傅生前的预言并没有实现，可老盲人醒悟了过来，他对小盲人说：

“我看见了光明，那就是希望的光明。”

其实寻找光明本身就是一种无上的信念，只要不断燃着希望的灯火，就不怕难以忍受的黑暗。信念是一种执着，它虽看不见摸不着，但你却能时时感觉到它的存在。它支撑你向前，支撑你因偶尔的失利所带来的沮丧。它是一处美丽的风景，让你无比坚毅地去奔赴。

也许大家都知道“蜘蛛人”，可是谁也不会想到能够创造吉尼斯纪录的“蜘蛛人”是一位恐高的人，下面我们就来看看他的故事，看看他是怎样克服自身缺点的。

1983年，伯森·汉姆徒手登上纽约帝国大厦，在创造了吉尼斯纪录的同时，也赢得了“蜘蛛人”的称号。

美国恐高症康复协会得知这一消息，致电“蜘蛛人”汉姆，打算聘请他做康复协会的心理顾问，因为在美国，有数万人患有恐高症，他们被这种疾病困扰着，有的甚至不敢站在椅子上换一只灯泡。

伯森·汉姆接到聘书，打电话给协会主席诺曼斯，让他查一查他们协会里的第1042号会员的情况。这位会员的资料很快被调了出来，他的名字叫伯森·汉姆，就是“蜘蛛人”自己。原来，这位创造了吉尼斯纪录的高楼攀登者，本身就是一位恐高症患者。

诺曼斯对此大为惊讶。一个站在一楼阳台上都心跳加快的人，竟然能徒手攀上400多米高的大楼，这确实是个令人费解的谜，他决定亲自去拜访一个伯森·汉姆。

诺曼斯来到费城郊外汉姆的住所，这儿正在举行一个庆祝会，十几名记者正围着一位老太太拍照采访。原来伯森·汉姆94岁的曾祖母听说汉姆创造了吉尼斯纪录，特意从100公里外的葛拉斯堡罗徒步赶来，她想以这一行为，为汉姆的纪录添彩。谁知这一异想天开的想法，无意中竟创造了一个百岁老人徒步百里的世界纪录。

《纽约时报》的一位记者问她：“打算徒步而来的时候，你是否因年龄关系而动摇过？老太太精神矍铄，朗朗地笑着说：小伙子，打算一气跑100公里也许需要勇气，但是走一步路是不需要勇气的，只要你走一步，接着再走一步，然后一步再一步，100公里也就跑完了。”

恐高症康复协会主席诺曼斯紧接着问伯森·汉姆：你的诀窍是什么？伯森·汉姆看着自己的曾祖母说；我和曾祖母一样，虽然我害怕400多米高的大厦，但我并不恐惧一步的高度，所以，我战胜的只是无数个“一步”而已。

在团队中，每位团队成员都有或都曾有自己所恐惧的事情。那么，如何战胜恐惧呢？战胜恐惧，首先要战胜自己，如此恐惧就会消失了。就像故事中的“蜘蛛人”原来也恐高，他凭着顽强的意志，最终实现了梦想，创造了奇迹。有些团队成员，对一些未知的任务总是会存在恐惧心理，不敢于去做，其实这都是心理作用。只要勇敢地迈出一步，一步接着一步，你会发现其实这个令人恐惧的工作，也不可怕。

记得一位诗人说过：“在日光无法抵达的远方，我们拥有心灵。”确实如此。在这个世界上，只要有梦想并努力地去追求，你就会发现生活中有许多门是为你敞开的。

的确，信念可以让一个人在绝望时获得生命的力量！信念是黑暗中的一把火，点亮内心的黑暗；信念是冬天里的一堆炭，让人温暖无比；信念是困境里的出路，让人突破困难；信念……可以让一个人无依无靠的时候坚持内心的那个声音！而执着是让人在彷徨的道路上寻求成功！执着就是方向！

执着是信念的执着，古今中外，名人数不胜数，轰动全世界的著名的名人，也如天空的繁星！每一个科学家梦寐以求的诺贝尔奖，它的创始人诺贝尔可谓家喻户晓。他的信念是因为他的执着。因为实验他失去了太多太多，可是他并没有放弃！而是坚持并执着地努力。他面对困难，他没有选择逃避。而是选择了执着地坚持下去。因为他的执着，所以实现了他的信念。他给信念重新下了一层次定义，就是坚持不懈地执着努力。

如果一个人拥有这两者呢？他一定是一个十分了不起的人，比如：霍金，他对科学的执着，使他没有被病魔打倒。因为他有信念，即使失去了活动能力，轮椅禁锢得住他的身体，但是禁锢不住他的思维，因为他的信念早已经飞出了银河系，去了太空中寻找那黑洞的秘密……因为他有了执着和信念。

信念与执着，无处不在，重要的是，能否把握住它们。

职业法则43：精神是团队的动力

人要有精神，因为精神是支柱，是动力；一个团队要有精神，因为精神是凝聚，是引领，是灵魂。

精神状态体现一个人的理想信念、思想境界、工作标准和生活态度，蕴藏着一个团队的战斗力。而良好的精神状态是干好工作的前提和原动力，是成功的一半。始终保持良好的精神状态就是坚韧不拔、坚定不移地以蓬勃朝气、昂扬锐气和饱满的热情投入工作。

精神状态决定工作成效，有什么样的精神状态就有什么样的工作成效，良好的精神状态可以事半功倍。良好的精神状态绝不仅仅是指穿戴整齐、面净发整、精神抖擞；良好的精神状态是指能知难而上，迎难而上，在挑战中找到机遇，能化被动为主动，能身处逆境有阳光，能逢山开路，遇水架桥；良好的精神状态是指能快速启动，随时调整，始终认为办法总比困难多，始终昂扬向上、激情洋溢、充满活力地融入工作；良好的精神状态可以激活人的最大潜能，激发人的创造力、提高人的工作效率。拥有良好的精神状态，就能拥有不竭的能量、旺盛的斗志、高速的思维、最佳的心智，就能快速找准工作的着眼点、着力点，敢闯、敢干、敢于担当、敢为人先，遇到困难不回避、不推诿、不气馁，敢于直面，敢于去想办法解决好问题，这样的精神状态工作肯定是卓有成效的。相反精神不振、得过且过、能拖则拖的精神状态不是人为制造出了问题就是人为影响了问题的最佳解决时机，这样的精神状态害己、害人，不但任务不能很好地完成，关键时刻还要出问题，这样的精神状态是不可取的。

精神状态是一个人的意识、思维、情感、意志以及其他主观心理活动的总称。良好的精神状态表现为蓬勃向上的心力、成熟的心态、清醒的意识、缜密的思考、顽强的斗志等。古人说，“心者形之君也，而神明之主也”，“心弱则志衰，志衰则不达”。一个人精神状态良好，就会有一种追求，有一股力量，有一颗恒心，就能成就一番事业；反之，则会庸庸碌碌，得过且过，甚至一事无成。那么，保持良好的精神状态有哪些优点呢？

1. 保持良好的精神状态是一种超越自我的能力

让自身处于最佳精神状态下工作需要对自身正确的认识和开发；需要自信，需要始终保持平和的心态，需要时刻排除不良干扰，需要随时调整平衡点，需要始终保持前行的姿态，需要时刻保持头脑清晰，沉着冷静抗打击；需要加强学习有目标，积极主动有信心，直面困难有毅力，奋发进取有动力，敢于创新有突破；需要埋头苦干，以苦为乐，乐在其中，不犹豫、不怀疑做自己能做好的事情，也一定能将自己所做事情做好。

2. 保持良好的精神状态是一种维护自我品牌的责任

品牌是给拥有者带来溢价、产生增值的一种无形的资产，简而言之，品牌就是心灵的烙印，是质量和信誉的保证。良好的精神状态就是一种自我品牌，始终保持良好的精神状态就是多一些“立即”和“马上”，多一些“没问题”，少一些“不可能”；多一些“斗志和干劲”，少一些“懒惰和麻木”；而这样的态度体现着一个人对自身的责任意识，是在维护自我品牌。

3. 保持良好的精神状态是一种忘我拼搏的境界

这种境界就是爱岗敬业、就是聚精会神、一心一意、全身心地投入，就是快乐工作。“爱”才会“拼”，“敬”才会“搏”，有“爱”有“敬”，才会快乐。爱岗敬业是做好工作的立足点和基本点，是通向梦想的必由之路，是个人发展提速的关键。有“爱”才会有动力，有敬才会有拼搏，拼搏成就梦想，拼搏就是以“可上九天揽月，可下五洋捉鳖”的胆识，敢干事、会干事、干成事。

工作是平台，展示自我，成就自我；工作是责任，责任体现价值，价值肯定能力；工作是一种状态，良好的状态是成功的基石；让我们始终保持良好的精神状态投入工作，挑战自我，超越自我，纵情挥洒热情、豪情和才情，尽情诠释责任、理想和信念。

面对工作中琐碎而又麻烦的具体事情时，人很容易产生懈怠，这样看来，要永久地保持一种良好的精神状态似乎很难，但良好的精神状态实际上在每一个人的某个时段都会有所体现，长短不一，只是自己没有察觉出来而已。只要细细地分析一下，就会发现这种状态从何而来。那么，良好的精神状态究竟如何保持呢？

1. 对外界事物保持浓厚的兴趣

俗话说，兴趣就是很好的老师。有人深以为然，有人不以为然。团队中许多团队成员也表示很疑惑——怎么就能够对一件枯燥的事情有兴趣呢？难道能强迫自己去喜欢一件自己本来就不喜欢的事情吗？其实，这种想法出发点就不对，这些人并没有真正理解兴趣的本意。

现实工作中，很多问题似乎都是表面化的，甚至是伪善的，但是，在表面和伪善的背后，则暗藏着一股推动团队前进的不可遏制的潮流。你不前进，别人就会前进，你不去接触外界事物，不培养你的兴趣，你就会落后，这不单单是人与人之间残酷竞争的问题，而是你有没有真正的生命寄托的问题。

当你融于团队潮流之中，找到属于自己的坐标，找到自己的兴趣点、令你激动的事物和价值实现的最佳切入因素。当你有足够多的触角，通过丰富的社会交流渠道，伸向你感兴趣的不同领域时，即便你某一方面感到忧郁，而一定会有另一方面令你快乐。

2. 保持一颗近乎天真的心

这种天真主要表现在：

(1) 你不喜欢的事情就尽量不去掺和，无论这件事情对你多么重要，你要学会拒绝和示弱；

(2) 你不喜欢的人就不要和他接触，无论这个人你多么得罪不起，你要学会避让和淡漠。

这种天真可能会让你丧失一些在职场快速出人头地的机会，但是，却让你拥有更多超然的心态和轻松的脚步。你走得快乐，走得自如，你就会产生一种对周围环境的感召力，你解放了你自己，你也就同时成全了你自己。

事情往往是这样：当你不在乎什么事情了，你不在乎什么人了，你便是“老大”。顺便提醒一下，这时的你虽然成了“老大”，但也不要过于得意，因为，在团队当中是用实力说话的，要让别人真正地佩服你，花架子是没有用的，最终还是取决于你的个性魅力，这种魅力就是你的修养、素质以及表现出来的性格吸引力。

3. 学会经常性地调整自己

在激烈的团队竞争中，我们经常会因紧张和压抑的工作氛围而感到疲劳，我们的亚健康状态随即而来，心烦意躁、头昏脑涨、腰酸背疼、浑身无力、食欲不振等现象无不表明，我们需要调整一段时间了。

这种调整可以指外出休假，也可以指放缓工作节奏。后者其实就是心理的一种暗示。在你外出休假的时候，你一定尽可能不要去想工作上的事情，你要知道，既然你暂时逃离了出来，就要把思想空间腾挪出来，给你感兴趣的事物。

那如何调整自己呢？可以寄情于山水，可以徜徉于梦乡，可以陶醉于亲情，可以拾贝于书海，凡此种种，只要自己喜欢就行，哪怕只有三五天时间，也要好生珍惜。但是，在这里有一点要格外注意，就是千万不要过分耗费自己的精力，去干一些得不偿失的事情，譬如彻夜玩棋牌麻将和酒肉朋友之间的酗酒，你要知道，你休整自己的最终目的是让自己的精神松弛下来，而不是放纵自己。

精神是团队的动力。团队成员如果想要在团队中有所成就，不妨尝试一下上述方法。保持良好的精神状态，将自己调整到最好的状态，以饱满的热情，坚定信心去工作、去生活。

第七章　做好承受一切的准备

“兵马未动，粮草先行。”这句话虽是讲行军打仗，但是也同样适用于团队中。市场竞争的激烈，让团队成了没有硝烟的战场。团队成员每时每刻都应做好承受一切的准备。要知道，压力、挫折、困境如影随形，如果没有做好准备，很可能会被打倒在地。

职业法则 44：创造一个良好的心境

心境存在于人生的每一刻，它是双向的，既可以测试，也可以创造，为人为己创造一个好心境，就等于给自己一个海阔天空。

好心境下，一个无言的对视，就会达成一种心灵的默契；一个刁难的问题，甚至会得到满意的答复，只因为“今儿我高兴”。心境不好，周围的一切都是灰暗的，所有的交流都是“别再烦我”。性格开朗，宽容大度，学识渊博的人，总是尽量地使自己保持一个好心境；性格孤僻、阅历较浅的人往往会因为猜疑而反复无常。

努力去创造一个好心境，从点点滴滴做起。见面一声轻轻的“您好”，双方都会心情愉快；用欣赏的态度真诚地赞美一声“您真美！”“您真精神！”带给对方一份满足；报告一个好消息，改变其原有的沮丧；制造点小幽默，调整一下气氛；来点小刺激，转移一下兴奋点……创造好心境并不难，你可以去当一个认真的听众，让别人发泄不满，重新找到心理平衡，从而气息畅达；你可以找个知心朋友，无所顾忌地说出自己的不满，然后去品尝解脱后的潇洒。

保持一种好心境是一种修养，处处心平气和是一种人生境界。下面有这样两个故事。

故事一：

一位老太太请了个油漆工到家里来粉刷墙壁。油漆工看到她的丈夫双目失明，顿时流露出怜悯的眼光。可是男主人一向开朗乐观，油漆工在那儿工作几天，他们谈得很投机，油漆工从未提起过男主人残疾。

工作完成后，油漆工取出账单，那老太太发现比谈妥的价钱打了很大的折扣。她问油漆工："怎么少算了这么多?"

油漆工回答："这几天我与你先生在一起很快乐，他对人生的态度，使我觉得自己的境况还不算最坏，所以优惠的那一部分，算是我表示对他的一点谢意!"

油漆工对老太太丈夫的推崇，使她热泪盈眶。

因为这位油漆工只有一只手。油漆工面对一个盲人，感到自己虽然少了一只手，却拥有一个明亮的世界，因而很知足，很快乐。

故事二：

一位访美的中国女作家，在纽约街头遇着一位卖花的老太太。这位老太太虽穿着破旧，面黄肌瘦，但脸上却是祥和高兴的表情。女作家挑了一朵花说："你看起来很高兴?""为什么不高兴呢？一切都那么美好！"老太太说。"对烦恼你倒很看得开。”女作家说。老太太的回答令女作家大吃一惊：“耶稣在星期五被钉上十字架时，是全世界最糟糕的一天，可三天后就是复活节。所以当我遇到不幸时，我会给自己一个微笑，为自己创造一个好心境，对自己说只要等待三天，一切都会过去。”想起我的笔记本时还躺着一些很诗意的句子：我赤脚走在田埂上，谁说此刻的我不幸福呢？我们不能拥有森林，但未必不能享受松香；因为世界的美丽，我热爱人生；因为美丽的短暂，我热爱人生……

为自己创造一个好心境，给自己一个微笑，多么平凡而又充满哲理的一种生活方式，把烦恼和痛苦视作人生的一种经历，勇敢地面对人生，全力去收获快乐。

由于现代社会的节奏不断加快，工作、生活等一连串烦琐的事情会不断接踵而来。有些人会感到很累，不知道做人是为了什么。有些人还会因为工作的失败而颓废。同样地，团队作为社会的缩影，所有的问题也都存在。那么，团队成员该如何应对这些问题呢？这里最关键的一点就是要有一个良好的心境，这样才能解决问题。也许有人会说自己没有一个良好的心境，这也并不可怕，我们可以后天创造。以下几点值得学习和借鉴：

1. 热爱生活

一个热爱生活的人是朝气蓬勃、奋发向上的，带给他的是一种生活的快乐和希望。同时淡泊名利，保持乐观的态度。

2. 学会幽默

幽默是不良情绪的润滑剂，是美化生活的良方，它能缓解生活中矛盾和冲突，化烦恼为欢畅。幽默风趣的言行不仅可以给人带来欢快的情绪，而且能缓解生活中的矛盾和冲突，使烦恼化为欢畅，让痛苦变为愉快，将尴尬转为融洽，使沉重的心境变得豁达、开朗和轻松，具有维持心理平衡的功能。学会幽默，适时来点幽默甚至是健康的逗趣，既可缩短亲朋和同志之间的距离，获得良好的人际关系；又可在欢声笑语中忘却忧愁，获得无穷的乐趣。

3. 学会宽容

宽容是酿造生活美酒的蜜，是消除隔阂、沟通感情的法宝，理解他人，豁达大度，就能够保持心理的平衡。否则就会草木皆兵，人际关系紧张。因此，生活和工作中最明智的选择就是宽容。

4. 助人为乐

多一点奉献精神，少一点杂念，关心他人，你会领悟到天地之宽。反之，如果私心严重，常做坏事，就会斤斤计较，提心吊胆，不得安宁。

5. 谦虚谨慎

满招损，歉受益，多看别人的长处，向他人学习，可为良好的人际关系打下基础。多称赞别人，使自己的心灵充满喜悦和幸福，才能在工作、生活中充满阳光和希望。

6. 学会倾诉

倾诉是一种感情排遣，是一种自我心理调节。郁积在心头的苦闷和烦恼，尤其是内心深处超负荷的重压，绝望的窒息是难以名状的，久而久之将损害自己的心身健康。及时向亲友、同事、心理医生、心理热线倾诉，则可以排瘀化结，使受挫的心灵得以平抚，感情的伤口得到愈合。从而获得别人的理解和劝导，扫清心灵上的阴霾，重获心理上的平静和人生的支点。

7. 学会遗忘

沉湎于旧日的失意是脆弱的，迷失在痛苦的记忆里更是可悲的。遗忘不是简单的记忆抹杀。遗忘是一种振作，是一种成熟，是一种超脱。因此，人人都应主动的忘记生活曾经给自己造成的不幸和痛苦，清除心灵上的暗流，轻松地面对再次考验，充分地享受生活所赋予的各种乐趣，整个心灵沉浸在一种悠闲无虑的宁静里。

哲人曾说过，生活像一面镜子，你对它笑，它就对你笑；你对它哭，它就对你哭；人生不如意事十之八九。工作中，令人烦恼之事无处不在，如果你总把眼睛盯在那些不愉快的事情上，心情也会跟着灰色起来。多想想开心的、成功的事情，心境好了，你看待问题的角度和方式也就不同了，一切也就都迎刃而解了。

职业法则 45：培养积极乐观的心态

积极乐观的心态需要长期不懈地学习，它就像一种熟练的技艺，手到自然心到，很快就会成为习惯。

人的改变会遵循一定的轨迹，即：结果决定于行为，行为决定于态度，态度决定于信念，信念决定于自我期望。有什么样的内心期望，你就会选择什么样的信念，接着就会有什么样的处事态度以及什么样的行为，于是也就会产生什么样的结果。在你的心目中，你认为自己是什么你就会成为什么。如果你认为自己是一个平平淡淡的人，你的结果就真的是平平淡淡；如果你认为自己注定是一个不平凡的人，你的结果就常常会干出一番大事业。

所以，积极思维者，得到积极的结果；消极思维者，得到消极的结果。人有什么样的思考问题的方式，就会有什么样的人生。

有这样一个小故事：

两个秀才在赶考的路上遇到了一支出殡的队伍。于是第一个秀才想：考试的日子遇到棺材真倒霉，他的心情也自然受到了影响，结果名落孙山。而另一个秀才却想：棺材与“官”、“财”二字正好谐音，这不意味着好运当头吗？受此影响他在考试中发挥出色，结果金榜题名。

事物的本身并不影响人，人们只受对事物看法的影响。他说：“对事物的看法，没有绝对的对错之分，但有积极与消极之分，而且每个人都必定要为自己的看法承担最后的结果。”

积极思维者对事物永远都能找到积极的解释，然后寻求积极的解决办法，最终得到积极的结果。接下来积极的结果又会正向强化他积极的情绪，从而又使他成为更加积极的思维者。

具体来说，这些人具有以下一些特征：即使是在最艰难的时刻都能鼓励自己；并且会尽量将自己的积极情绪感染周围的同伴；永远积极乐观、从不抱怨；总是积极地寻求解决问题的方法，因此他总能让希望之火重新点燃；从不自我设限，因而能激发自身无限的潜能；每天都生活在正面情绪当中，时刻都不错过工作中的乐趣。

同样一件事，会因所持的人生态度不同而有不同的感受。在团队工作中，团队成员如果想要积极地对待工作，就应该改变自己的观念，使自己能够以乐观的态度去看待问题、思考问题。

在工作中，心态决定高度，心态决定命运。就像下面这个事例所讲：

三个工人在砌一面墙，有一个好管闲事的人过来问："你们在干什么？"

第一个工人爱答不理地说："没看见吗？我在砌墙。"

第二个工人抬头看了一眼好管闲事的人，说："我们在盖一幢楼房。"

第三个工人真诚而又自信地说："我们在建一座城市。"

十年后，第一个人在另一个工地上砌墙；第二个人坐在办公室中画图纸，他成了工程师；第三个人，成了一家房地产公司的总裁，是前两个人的老板。

乐观地看待生活，看待工作，眼中的世界就会充满希望；悲观地看待生活、看待工作，眼中的世界就会尽是失望。是否乐观积极是评价一个人修养境界高低的标准之一，保持乐观积极的心态需要有一颗平常心，正确面对工作生活中的困难与挫折，克服不切实际的欲望，养成博大宽广的胸怀。

不能正确面对困难与挫折是乐观不起来的。团队成员在团队中工作就像航行在大海上的船舶一样，只有经受住海浪的颠簸，才能到达理想的彼岸。对待困难与挫折的态度，取决于团队成员的心理成熟状态和对生活的不懈追求与热爱。每位团队成员在工作中都有顺境也有逆境，关键在于以怎样的心理状态去感受，去面对。顺境使人快乐，逆境使人坚强，工作中的顺境与逆境是相对的，没有绝对的顺境或逆境。

一些成功人士在介绍自己的成功经验时，其实在讲自己战胜挫折和困难的过程。能否保持乐观积极的心态，需要有一种精神状态，那就是把逆境看成是磨炼意志的过程，把失败当成是经验的积累与总结，有勇于面对一切困难与挫折的信心。而不因为取得一点成绩就沾沾自喜，也不会因为遇到一点困难挫折就悲悲戚戚，心绪一落千丈。

虽然在某些事情上，我们可以表现出积极乐观的心态，但如果要想在对待任何事情上都能做到这样，则不是一件容易的事。就像拿破仑·希尔指出的那样："积极的心态需要反复地学习与实践。就像我们打高尔夫球那样，你可能在某个时刻打了一两杆好球，便以为自己懂了这项运动，但在下一个时刻，你可能连球都击不中呢！我们需要每一天的学习，以克服自己的负面习惯，将自己调整为正向的思维方式。"

其实，在团队中，人与人之间的差距并不明显，但为什么人与人之间成功与失败的反差会这么大呢？其中心态起了很大的作用。积极乐观的心态更是成功的关键。那么，团队成员该如何培养积极乐观的心态呢？拿破仑·希尔总结出了如下几种方法，团队成员不妨好好借鉴一下：

1. 消除不良因素

与过去的失败经验彻底决裂，消除脑海中那些与积极心态背道而驰的所有不良因素。

2. 找到目标

找出自己一生中最想得到的东西，并且立即开始行动，努力追寻你的目标。

3. 制订资源计划

确定你真正需要什么，并制订一个如何得到这些资源的计划，所订的计划一定不要太过度，也不要不足，别以为自己要求得太少，记住，贪婪是野心家失败的最主要因素。

4. 每天为他人做一件事

每天做一件让他人感到舒服的事，或是说让他人感到高兴的话，你可以非常轻松地做到这一点，你可以用电话、明信片的方式，训练自己在每一困境中，用积极的心态面对这一切。

5. 养成精益求精的习惯

养成精益求精的习惯，并充满爱心与热忱地将这种习惯发展成为嗜好。每位团队成员都应明白，懒散与消极是一对好朋友，它们总是成双成对的出现。而精益求精的习惯有助于你保持快乐与积极的心态。

6. 善于帮助他人

团队工作中，总会遇到一些问题无法解决，此时不妨试着帮助别人解决问题。千万不要因为自己遇到麻烦而拒绝帮助别人。事实上，你在帮助他人解决问题的同时，你自己也正在洞察解决自己问题的方法，因为灵感时常会在不经意间来临。在将快乐与信心带给他人的同时，你自己也同样可以从中获得力量。俗话说，日行一善，可让你无忧无虑。

7. 了解真正的挫折

了解真正的挫折是什么？事实上，打倒你的并不是挫折本身，而是你面对挫折时所抱持的悲观态度。

8. 养成每天阅读的习惯

每天阅读一篇励志文章，从他人的经验中汲取面对困难的勇气。同时你也会坚信，积极乐观的心态会对一个人的命运产生极大的影响。

9. 歉意要说出来

向你曾经冒犯过的人们致歉，不要让自己的歉意留在心里，要将它们公开表达出来。这个工作可能比我们想象的还要困难，可是一旦你这样做了，你将摆脱内心的消极感受，感到前所未有的轻松。

10. 改掉坏习惯

改掉你的坏习惯，持续一个月，你每天减少一项恶习，并于每周反省自己努力的成果。如果你需要别人的帮助，不要怕不好意思，你应积极向那些能给你帮助的人求助。

总之，拥有积极乐观的心态就会产生积极向上的精神动力，就能正视面临的挫折与困难，在苦累与磨难面前迸发出不屈不挠的勇气。团队成员如果拥有了积极乐观的心态，那么，工作中的困难就不再会是前进中的阻碍，工作就会变得顺利、顺心许多。如此，团队成员的承受能力也就得到了较大程度的提高。

职业法则46：提高抗挫折能力

抗挫折能力的高低，会影响一个人的生活与工作。抗挫折能力越高，越容易适应团队高强度的工作，反之亦然。因此，对于想要在团队中生存的成员来说，提高抗挫折能力的能力是非常有必要的。

抗挫折能力就是在外界压力下处理事务的能力，也可以称为抗挫力，其根源其实就是面对外界压力与挫折时的抵抗能力。有的人抗挫能力强，有的人抗挫折能力弱，这跟一个人的心理素质有关。

抗挫折能力是相对于挫折而言的，既然要抗挫折，那么，首先就应当了解什么是挫折。挫折是指当个体从事有目的的活动时，在环境中遇到障碍或干扰，致使需要和动机不能满足，因而产生焦虑和紧张不安的情绪状态。用通俗的话说，挫折就是碰钉子。挫折通常有两方面作用。从积极的方面看，挫折可以帮助人们总结经验教训，促使人提高解决问题的能力，引导人们以更好的办法去满足需要，即所谓“吃一堑，长一智”。从消极的方面来看，如果心理准备不足，挫折可能使人痛苦沮丧、情绪紊乱、行为失措，甚至会引起种种疾病，这无疑将大大挫伤人的积极性，影响工作效率。因此，人们才会想到抗挫折。

那挫折产生的原因是什么呢？其实，挫折是人的一种主观心理感受。一个人是否体验到挫折，与他自己的抱负水平密切相关。所谓抱负水平是指一个人对自己所要达到的目标所规定的标准。规定的标准越高，其抱负水平越高；规定的标准越低，其抱负水平也越低。同样两个推销人员，甲的指标是销售额 100 万元，乙的指标是销售额 60 万元，结果两人都完成 80 万元销售额，这对乙来说会感到成功和满足，而对甲来说则会感到是一种挫折，所以挫折因人而异。相同的情境，由于人们的心理状态、需要动机以及思想认识的不同，在遇到挫折时的表现也会大不一样。

产生挫折的原因是多种多样的，从总体上它可划分为外在因素和内在因素。

1. 外在因素

外在因素又称客观因素或外因，是由外界事物或情境阻碍人们达到目标而产生的挫折。它主要包括自然因素和社会因素两种。所谓自然因素，主要是指个人能力无法克服的自然灾害，如天灾人祸、生老病死、冰雪洪水、地震山崩等。所谓社会因素，主要是指个人在社会生活中所遭到的政治、经济、风俗、习惯、宗教、道德等等的限制。另外，外在因素还包括组织者的管理不善、教育不力以及工作环境中缺乏良好的设施和人际关系等等。

2. 内在因素

内在因素又称内因，主要是指主观因素阻碍人们达到目标而产生的挫折。它包括个人的生理因素和心理因素两种。生理因素，主要是指个人的健康状况，个子的高矮和身体上的某些缺陷所带来的限制。心理因素，主要是指个人的能力、智力、知识经验的不足。

此外，动机的矛盾和斗争状态，也是引起挫折的主要心理因素。例如，满足欲望与抑制欲望的斗争，理想与现实的斗争，个人利益与集体利益的斗争等等。这些斗争如果处理不当，常常能引发个人的心理挫折。

心理挫折，通常包括想象中的挫折和事实上的挫折。其中，想象中的挫折尽管还没有构成事实，但也能影响人的行为。例如，某人参加自学考试，还没有报名就预卜着自己的命运，家务重、岁数大、学习吃力，将来十有八九通不过，于是在头脑里先产生了想象中的挫折。

在了解和认识过挫折后，下面我们来说一下，如何提高抗挫折能力，具体有以下几个方法：

1. 培养主观幸福感

训练主观幸福感能力旨在培养个人体验快乐、欢欣、知足、自豪、欣喜、感激等愉悦情绪的能力。虽然这些情感体验大多是人们与生俱来的生理反应，但通过幸福感训练，人们可以强化对这些情感体验的强度和持久度。美国心理学家弗莱德逊也发现，体验愉悦心情的人思考问题会更开阔。她指出："感觉好远远不等同于没有威胁，它可使人们变得更好，更具有乐观精神和压弹能力，更与他人合得来。她还建议人们通过发现应激中的有意义的事情来提高个人的愉悦情绪体验。此外，幸福感训练还可降低对诸如内疚、耻辱、悲伤、气氛、嫉妒等不愉悦情绪体验的感受强度，以减少生活的应激状况。

2. 培养乐观人格

训练乐观态度能力旨在培养个人自信乐观、自主行动、人际温暖与洞察、表达自如、坚韧力等的人格特质。心理学界早就在19世纪70年代将乐观作为一个重要的人格特质来加以研究，并强调经验学习对培养乐观态度的重要性。主观幸福感的决定因素是人格因素。如为外向性格的人容易产生正面的情绪，而焦虑性格的人容易产生负面情绪。所以，培养乐观人格是提高压弹的最有效手段。

3. 培养认知调整

训练认知调整能力旨在培养个人认知调整的能力。它以美国著名心理学家艾里斯（Albert Ellis）的 ABCD 理论为基础，强调认知调整对压弹的支配作用。具体地说，ABCD 理论主张，在诱发事件 A（Activating event），个人对此所形成的信念 B（Belief）和个人对诱发事件所产生的情绪与行为后果 C（Consequence）三者关系中，A 对 C 只起间接作用，而 B 对 C 则起直接作用。换言之，一个人的情绪困扰的后果 C，并非由事件起因 A 造成，而是由人对事件A的信念B造成的。所以，B对于个人的思想行为方法起决定性的作用；而要调整B对C的不良影响，就要靠质疑D（Dispute）来调整，这里D起的作用就是认知转换的作用。它促使当事人多从正面、光明的角度来辩证看待逆境，化危机为生机，终而从逆境中磨炼人的压弹，从失意中提高人的生活智慧。在中文当中，危机是由两个字组成的，一个是“危”字，一个是“机”字。它充分说明了危机中孕育着生机这一辩证原理。

4. 培养幽默化解能力

训练幽默化解能力旨在培养一个人幽默、诙谐调整心态的能力。幽默可以化解烦恼，释放情绪，并使人不断体验愉悦心情。在国外对幽默的研究中，幽默一向被视作健康人格的突出表现。可惜，中国人自古以来就不重视幽默对健康的重要性，中国人亟须加强幽默训练，学会以幽默来升华生活烦恼。幽默不仅可以提高一个人的压弹能力，也可以提高一个人的创新思维。

5. 培养问题解决技巧

练问题解决能力旨在培养个人克服困难、解决问题的能力。它以应激心理学的理论研究为基础，在“问题专注”应复与“情感专注”应对两方面提高一个人的压弹技巧。其中问题专注的应对技巧包括迎难而上、自我控制、筹划问题解决、寻求社会支援等技巧，情感专注的应对技巧包括找人倾诉、自我压制、自我宣泄、自圆其说、奇迹幻想、放松/冥想练习等技巧，以在应激实践中不断提高一个人的压弹能力。此外，问题解决训练还应培养一个人的关键意识，以提高对应激的迅速反应。美国著名文学家爱默生曾言：“逆境有一种科学价值，一个好的学者是不会放过这一大好学习机会的。”它说明，任何的问题解决都可以是一个逆境化解的学习过程。

美国心理学家詹姆斯·彭尼贝克在一系列实验中让受试者表达出最使他们苦恼的情感，从而取得了良好的治疗效果。他的方法非常简单，就是让受试者连续 5 天左右，每天都花了 15 分钟或 20 分钟写出“一生中最痛苦的经历”，或当时最让人心烦意乱的事情。受试者写出东西后若想自己保留则悉听尊便。这个自我表白的效果惊人：受试者的免疫力增强了，随后半年里去看病的次数大大减少，因病缺勤的天数也减少了，甚至连身体中的一些小病症也得到良好的改善。

其实，工作中的挫折并不可怕，可怕的是我们内心的恐惧。挫折就是前进中立着的一扇锁着的大门，它并非打不开，只要找到钥匙，打开了，挫折自然也就不见了。因此，团队成员最主要的还是要努力在各方面提升自己，不论是身体、心理还是工作方法上，只有全面提升，才能提高自身的抗挫折能力，才能打开工作中所有的大门。

职业法则 47：学会给自己减压

适当的压力对于激发团队成员的潜力是十分有必要的，但是压力过重就会使人身心疲惫，不仅不利于工作，更影响正常处理问题的水准。因此，学会给自己减压是每位团队成员都应必备的能力。

工作节奏的加快，让身在团队中的人们变得越来越烦躁不安，特别是在超强工作压力之下，焦虑、烦闷让人苦恼不已。但是，不管你接受的工作多么艰巨，都不要埋怨，而是面带着微笑地接受这个工作，并努力做好，千万不要表现出不知如何下手的样子。与此同时，要学会给自己减压，否则，总有一天压力会将你的信念毁掉。

如果想要保持良好的工作状态，就要学会减轻过大的压力，下面有几个减压的方法：

1. 发挥个性张扬本色

工作步调不断加快，得失之间也变得鲜明无比，情绪的变化常让自己搞得头昏脑涨，稍有心态调整不当，就有可能落入情绪忧郁的恶性循环中。

在工作情绪不好时，团队成员可以通过各种方法来排除它，如：

（1）跑到室外用自己不满的拳头在受气包上、在墙壁上、在小树上肆意打上几拳的时候，你的心情肯定会变得好起来。

（2）可以把自己的得失与朋友倾诉，特别是在坏情绪降临心头时，可以先做做深呼吸、伸伸懒腰，再去找一位知心朋友随便聊聊天，聊天之后你的低落情绪就会不知不觉地被迅速消除掉。

（3）多想想自己成功或者美好的时光，回忆过去的辉煌以及别人对自己的赞美，可以改善心中的郁闷。

（4）听听自己喜欢的音乐，也是放松自己有效的方法，轻松、明快的乐曲总能带自己到快乐老家。不管情绪有多不好，只要听一下自己喜欢的曲子，顿时就能感受到神清气爽。

想办法暂时告别工作中的压力，轻松轻松，不仅便于自己发现生活的乐趣，也能为再次做好工作鼓足干劲。

2. 努力让环境“新鲜”

陌生的工作环境可以让自己感到好奇、兴奋、新鲜，什么事情都要跃跃欲试，不过逐渐熟悉了工作环境之后，这些心态将渐渐离自己远去，更多体验的是谨慎、见怪不怪、程序化地完成工作任务。长此以往，工作积极性自然下降。为此，你可以想办法为自己创造各种“陌生”环境，让自己好奇、兴奋、新鲜的心态永远存在，让自己感到永远“实在”；除了工作环境，你可以去外部开辟学习充电的各种不同环境，为自己的进一步发展“充电加油”，比方说积极参加团队或者社会的相关培训，努力地争取在各种场合结识专业人士等。

3. 合理调配“自我”

善于安排个人精力的人总是感觉到生活是轻松的，工作是愉快的。为了达到这种境界，你应该对所有的工作都作好计划，并在规定的时间内完成。工作结束后，要充分利用自己的闲暇时间，切忌将工作带回家做。对于个人的进展应该定期进行“标记”，以便让自己明白，目前已经完成了什么，还有什么工作没有完成；对没有完成的任务，应该规划好完成的时间，并在某段时间，合理分配自己的精力，从而使工作、学习、生活、娱乐尽量做到更加有效，而且能够很好地自我循环，自我提升。

4. 找出压力的根源

工作中的压力是每个人都会有的，但最主要的一点就是你能否适应这份工作。如果适应的话，那么工作中的压力就是自己进步的动力，你会很从容地去面对，找出压力根源所在；如果是知识欠缺，那么你就去给大脑充电；如果是人际关系等其他方面，那么你就向有经验的人去学习，多找团队的其他团队成员谈心，其实有些事情在大家开诚布公的“谈”中也就解决了！当然压力的来源很多，但最主要的是自己永远有颗自信的心！

5. 团队成员是最好的“减压”医生

在工作中难免会遇到这样或那样的事情，每当你遇到类似的问题，并因此而产生了无形的心理压力时，你可以找团队中其他团队成员进行倾诉。因为，这时对自己知根知底的团队成员，往往最能客观地“对症下药”。

6. 学会回绝工作压力

市场竞争日益激烈，反映到团队中就是大量的工作。工作量的增加是无可避免的，团队成员唯一能获得解救的方法就是主动告知团队管理者：你手上的工作已经不胜负荷。值得注意的是，在告知的过程中是需要掌握度的。但是，也不能不说，逆来顺受。因为，如果你总是对于额外增加的工作逆来顺受，那么团队管理者就会很自然地认为你还有能力处理，但现实并非如此。

7. 制定合理的工作目标

合理的工作目标为“跳起来能摘得到的苹果”。

“不跳起来就能摘到”意味着这个目标在自己的能力范围内，很轻松就能达到。“跳起来能摘到”意味着这个目标有一部分超出自己的能力，但通过主观努力、寻求帮助、整合资源可以达到。“跳起来也摘不到”意味着目标完全超出自己的能力范围。很多职场人士觉得承受着“亚历山大”的压力感，就是制定了一些“跳起来也摘不到的苹果”的目标。长久以往，会极大挫败工作能力和工作自信。

积极的工作状态是不断重复制定“跳起来能摘到”的目标，长久以往，可以激活内在的潜力和价值感，更能使其工作自信、工作能力、工作乐趣形成良性循环。

8. 尝试发现工作中的价值感和乐趣

心理学实践证明，如果你从事了一份自己非常讨厌的工作，那么你就会把自己不少的收入和时间用在缓解因从事这份讨厌工作所带来的压力上。

任何一份工作，都会有有意思的地方，尝试在自己的工作过程中寻找一些价值感和乐趣，这是缓解工作压力最有力的武器。

9. 逐步释放压力

有的团队成员喜欢将压力、负性情绪积攒起来，等到假期时一起释放，就相当于洪水出闸，一发不可收拾，容易引发各种身心病症，因此平时工作再忙，都要抽几分钟的时间发发呆，闭目养神，起身眺望下远处的风景总是可以的，压力是需要逐步释放的。

我们不可能消除生活工作中的各种压力源，但我们可以为自己减轻压力，并以积极的方式去应对压力，这样我们所承受的压力就会减少许多，轻松许多。

职业法则 48：建立和谐的人际关系

人际关系往往成为团队成员工作压力的一部分。一些不善于解决这方面问题的团队成员，往往就会陷入困境。因此，建立和谐的人际关系，使团队成员更好地工作，是提高承受力的一个关键部分。

一个人事业的成功，只有百分之十五是由于他的专业技术，另外百分之八十五要靠人际关系和处世的技巧。可见，人际关系的好坏是一个人社会适应能力的综合体现。对于团队成员来说，建立和谐的人际关系是团队生存的需要，更是团队成员实现自我价值的需要。

事实上，任何一个人都不可能孤立地存在，一个人的交往顺利活跃，便能心情舒畅，身心健康，而一个人的交往受挫闭塞，便会感到心情郁闷，妨碍身心健康。有大量的研究和临床资料证明，孤独者患疾病的比率高于常人两倍，住院时间长于常人两倍，等等。孤独者自残、酗酒、生活散漫、缺乏朝气和缺乏对生活热爱的比例，更是大大超过常人。从某种程度上说，人际关系的好坏决定了一个人的心理是不是健康。

一般处理人际关系应遵循以下三个原则：

1. 尊重原则

无论在哪个领域，每个人都希望得到别人的尊重，但要想得到别人的尊重，首先要尊重别人。在与人交往的过程中，要保持一个平和的心态，人人都是平等的，如果采取轻视别人、居高临下的态度，是难以形成良好的人际关系的。

2. 宽容原则

俗话说，“海纳百川，有容乃大”。宽容不是懦弱，而是一种美德。要学人之长，容人之短，多理解他人，不苛求他人，不用自己之长比他人之短，自觉尊重不同的意见和习俗。这是宽容待人的重要体现，也是团结友善的重要基础，更是发展和谐的人际关系的重要原则。

3. 简单原则

人际关系应该简单化，每个人之所以工作，最直接、最简单的目的就是挣钱养家糊口，看淡那些名利纷争，也就抛开那些恩恩怨怨。其实，同事之间的相处是一种缘分，人际关系越简单越好，这样每个人不必耗费很多精力去协调、处理关系。那些人际关系复杂的团队，必定是不和谐的团队。

那么，怎样才能建立和谐的人际关系呢？不妨从以下几个方面做些尝试：

1. 以开放的心态，积极对待人际交往

每个人内心都非常渴望得到朋友，但是却很少有人能够主动去和他人交流。我们生活中就常常出现这样的状况：两个人坐在一起，可以面对面交流，但是两个人都不愿意自己主动开口，宁可各自拿着手机给远方的人打电话。勇敢一点，大方地主动给别人打招呼，你一定能很快地赢得一大群朋友。

2. 积极帮助他人

在其他团队成员需要帮助和支持的时候，积极地帮助他，这样能够增加他对你的好感，从而与其建立融洽的关系。积极帮助他人，那么在你遇到困难的时候，自然会有更多的人愿意帮助和支持你。

3. 发扬合作精神

当今不仅是一个能力较量的社会，还是一个强调合作的社会。团队里，每个人都有自己的优势与不足，彼此之间的思维撞击，往往能产生新的思想火花。经常与他人交换思想，交流情感，真诚地互相帮助，不仅能够共享成功的喜悦，同时也能建立起良好的关系。

4. 真诚地称赞别人

在潜意识里，我们都渴望别人的赞美；由此及彼，别人也渴望我们的赞美。每个人都有他值得别人赞扬的地方，所以，学会真诚地赞美别人往往会成为你处世的法宝。赞美别人时需要注意的是：

(1) 要真诚。赞美要发自内心，而不是言不由衷；

(2) 要对事不对人。赞美不是阿谀奉承，如果你的赞美毫无根据，恐怕没有什么人会认为你的赞美是善意的；

(3) 要注意场合和分寸，不能滥用。赞美他人，不是廉价的吹捧，不是无原则的夸奖，也不是投其所好的精神按摩，更不是卑躬屈膝的精神行贿，而是要充分肯定别人的优点。

5. 学会客观地批评别人

批评是否“成功”，很大程度上取决于你的态度。如果你一味地指责他人，很容易招致他人的厌恶和不满。然而，如果能够让对方感觉到你是来解决问题、纠正错误的，而不是发泄你的不满，批评就会获得成功。

批评也需要讲究方法：

(1) 尽量不要当着其他人的面批评别人。没有人希望在受到批评的时候开一个“新闻发布会”；

(2) 欲取之必先予之。批评别人，不要发“牢骚”，要先营造一个尽可能和谐的气氛；

(3) 对事不对人。批评时一定要针对事情本身，不要针对人；

(4) 要找到解决问题的办法。当你批评别人做错了事的同时，你必须要告诉他怎样做才是正确的，一定要让他明白：你不是想追究谁的责任，只是想解决问题。

6. 不要过于显示完美

我们可以看到这样的人，他们各方面都很不错，长得精神，人又聪明，有抱负，但是他们往往不能和别人友好地相处。心理学家做过这样一个实验：随机找到一群互不相识的人，让他们在一个房间里观察在另一个房间里发生的事情。在这个房间里，实验者安排了四个人做一些事情，其中一个人表现非常出色，几乎没有差错；第二个人表现同样出色，但是不小心把杯中的水洒了；第三个人表现平平，但是没有出状况；第四个人表现平平，又把杯中的水洒了。最后问这群人他们比较喜欢哪个人，结果是大多数人最喜欢第二个人，而对第四个人的评价最低。为什么呢？

其实，一个有魅力的人，不是要让别人觉得你有多完美，关键是让他人觉得与你在一起的时候能体现出自己的价值。在与他人相处的时候，不要过于显示自己的完美，一定注意不要忘记感谢别人为你做的事情。带着热情和真诚的笑容去感谢他们，让别人了解到你非常需要他们。真诚的一句话："没有你，我们真不知道该怎么办？"能使别人感到自己是必不可少的。当朋友取得成就时，动手写封信，专门给他们打一个电话，或者专程拜访，以表祝贺。

7. 学会与人为善

良好的人际关系莫过于通过利人来利己。为了自身利益，便置他人利益于不顾，最后往往会落个损人害己的下场。保证人际关系的和谐，与人为善的作用是不可估量的。

8. 学会与人沟通

在同一个团队工作，团队成员之间难免会产生矛盾、隔阂，要想冷静地处理人与人之间的冲突，有效的沟通至关重要。

沟通要讲究原则和技巧：

(1) 要互相尊重；

(2) 要坦白和真诚；

(3) 说话要讲究措辞和分寸；

（4）要勇于承认错误。

9. 学会换位思考

如果一件事情你总是想不通，这时你不妨站在他人的立场上想一想，可能马上就会改变自己想法中一些偏执的东西，从而形成一种良性循环。换位思考可以让我们学会变通，解决常规性思维下难以解决的问题；可以让我们切身感受到他人的情绪，揣摩到对方的心理，达到说服对方的目的；可以让我们发现他人的优点，并给予对方真诚的鼓励，使团队和谐高效。

10. 学会与不同性格的人相处

由于性格上的差异，每个人在思考问题时都会有很大的差别。因此，我们应该理解不同性格类型的人的思维和行为方式，以便彼此建立融洽的关系。如何纠正性格中的缺点呢？最好的办法就是向与自己性格相反的人学习，取长补短。

11. 要有“和而不同”的思想

《论语》中提到的“君子和而不同”，讲的就是大家在一起要和谐，而不是保持相同的观点。比如在乐曲中，如果从头到尾都是高音，曲调就会显得不和谐，有高音也有低音才会美妙；在工作中也一样，和谐并不等于相同。只有大家承认差异、包容不同，才能和谐相处。

合理处理人际关系，建立良好的、和谐的人际关系，提高团队的承受能力。因此，不要将其错误地认为只是人与人简单交往。只有当人际关系和谐时，整个团队的凝聚力才是最强的、承受力也是最高的。

职业法则 49：培养解决问题的能力

团队中，团队成员不管拥有什么样的能力，最终还是会落到一个点上——解决问题。能力是为了解决问题而准备的。解决问题的能力是一切能力的完美聚合和最终落脚点，能解决问题才是能力最完美的呈现。

在团队工作中，团队成员经常会遇到过这种情况：某一问题就像山一样摆在你面前，要克服它，似乎完全不可能。于是，一种说不出的恐惧感侵袭心底，你很快就向问题屈服了。其实，我们不应该将问题无端放大，导致心生恐惧、逃避，最终将自己打败。实际上，问题绝大多数时候并不如我们想象的那样严重，只要我们克服畏惧心理，就能很好地解决它。

面对问题时，我们不应当畏缩，不应当逃避，而应该坦然地去面对，将问题的相关方面研究清楚，将问题的根源找出来，开动脑筋，寻找更多的解决之道。看待问题时，我们不能将其放大，相反，除了要正视问题，更要藐视问题。问题的出现经常出乎人的意料，只有不被它吓倒，才有解决问题的可能。那些一开始就被问题吓倒的人，永远也找不到出路。

20 世纪美国黑人运动领袖埃尔德·克利弗说，这个世界上有两种人：一种人是看见了问题，然后界定和描述这个问题，并且抱怨这个问题，结果自己也成为这个问题的一部分；另一种人是观察问题，并立刻开始寻找解决问题的办法，结果在解决问题的过程中自己的能力得到了锻炼、品质得到了提升。

工作中不可避免会遇到很多问题，面对问题，只有两条路可供选择，一个是进，一个是退。退很容易，进有难度，有难度怎么办？只能找方法，好的方法是我们登上“青云之巅”的通道，也是架设于优秀与卓越之间的“楼梯”。可以这样说，好方法远要比无谓的努力更为有效，因为它直指问题的要害，能解决最迫切的问题。

有时候巧妙地转换思维角度，问题就能迎刃而解。无论在哪一个团队里，能够主动找方法解决问题的人，都最容易受到团队管理者的青睐。要不断提升自己的价值，边工作边思考，只工作不思考永远找不到好的工作方式和方法。要在每天工作以后都想一想自己的收获和教训，这样才能不断地完善自己，更上一层楼。

在团队中，主动找方法解决问题的人总是最受欢迎的。只要有这样的人出现，他们就能够像明星一样闪耀。哪怕他们没有刻意追求机会，机会也会主动找上门来。假如你通过找方法做了一件乃至几件让人佩服的事，就能很快脱颖而出，获得更多的发展机会。

作为团队的一员，其解决问题的能力，就是结合团队的愿景、战略和岗位职能，运用观念、规则、工作程序方法等对出现的实际客观问题进行分析并提出解决办法或者解决方案的能力。

团队成员解决问题的能力决定了其工作绩效的高低。那些有很强的解决问题能力的人往往能够创造卓越的业绩，而那些欠缺这一能力的人则刚好相反。IT 行业 IBM 公司的一位高级经理就表示，绩效的获得来自于解决问题的能力。日常工作的种类繁多，在有限的时间内完成多大的工作量完全取决于其解决问题的能力。

很多团队成员认为，出现问题去解决是高层领导的事，自己只要做好执行工作就行了。事实上，即使最基层的团队成员也不得不解决日常营运中的各种问题。比如，文件的处理、电话的接听、人员的接待、各种方案和书面材料的编写、事务的报告和传达、外围的调查、事件的调查与核实等等。良好的解决问题的能力是当问题接踵而来而且复杂度不断升高时，能够系统地找出问题的成因，且能对症下药，以最有效率的方式解决问题。

那么，如何提高自己解决问题的能力呢？可以从以下几个方法中提高自己的能力：

1. 主动承担责任

提高自己解决问题的能力的秘诀是尽量多地承担工作，并真正投入其中，坚持不懈，迫使自己的能力得以提高。

2. 做好一件事

知道如何做好一件事，比对很多事情都懂一点皮毛要强得多。一位总统在得克萨斯州一所学校演讲时，对学生们说："比其他事情更重要的是，你们需要知道怎样将一件事情做好；与其他有能力做这件事的人相比，如果你能做得更好，那么，你就永远不会失业。"

3. 客观地审视自己并加以完善

要想使自己的能力得到提高，就必须首先正视自己。比如说对照自己做一番客观审视，观察一下哪方面还不错，哪方面值得注意。一定要在需要改进的地方，无须他人指正就能够自觉地进行自我完善。有发展前途的人是那些了解自己并能够正视自己的人。具有这样意识的人才能在工作中步步提高。

4. 制定目标激励自己

一名解决问题能力很强的员工，总是密切关注企业的经营方向，着眼于未来，确定目标。并且为了实现这个大目标为自己设定若干个小目标，并启发自己为了这个目标而努力。员工工作中有目标，自然会朝着这个方向努力。每一个人在潜意识里都会有自我实现的愿望，员工为自己树立一个工作目标是发挥自己潜能、提升自己工作能力的重要途径。

5. 建立合理的思维方式

每个人都有自己固有的思维方式，作为一名员工也不例外。这种思维方式在工作中的应用直接影响到解决问题的效果。员工建立一种合理的思维方式是提高解决问题能力所必需的。

6. 勤于思考

解决问题的能力比较强的员工都特别善于思考。思考是成长的唯一方法，思考是人类作为高级动物的特征。优秀的员工经常面对问题去思考，在思考中得到成长，在思考中找到工作的方法，在思考中领悟工作的快乐，解决问题的能力也在思考中得到进一步的提升。

解决问题，要经过确立目标、正常的工作思维、独立的思考问题、试探中纠正问题等几个阶段，当一个人具备了独立解决问题的能力后，要在实际工作中发挥自己的力量，展现个人的价值，努力实现自我。好的员工必须做到认清事实，发现问题，并勇于解决问题。否则，其考虑有可能变成不切实际的计划，其行为就会因“盲目”而失去意义。而这一切的结果，则会让工作进展得更加缓慢和艰难。